张　云◎著

读懂经典

DUDONG JINGDIAN

梦绕大观园

曹雪芹与《红楼梦》

中国少年儿童新闻出版总社
中国少年兒童出版社
北　京

图书在版编目（CIP）数据

梦绕大观园：曹雪芹与《红楼梦》/ 张云著 . --
北京：中国少年儿童出版社，2021.3
（读懂经典）
ISBN:978-7-5148-4482-5

Ⅰ . ①梦… Ⅱ . ①张… Ⅲ . ①曹雪芹（1715-1763）-人物研究②《红楼梦》研究 Ⅳ . ① K825.6 ② I207.411

中国版本图书馆 CIP 数据核字（2018）第 057663 号

MENGRAO DAGUANYUAN : CAOXUEQIN YU HONGLOUMENG
（读懂经典）

出版发行：中国少年儿童新闻出版总社
中国少年兒童出版社

出 版 人：孙 柱
执行出版人：马兴民

丛书策划：李学谦　　封面设计：缪 惟
责任编辑：赵 蕴　　责任校对：夏明嫒
责任印务：厉 静

社 址：北京市朝阳区建国门外大街丙 12 号　　邮政编码：100022
编 辑 部：010-57526310　　总 编 室：010-57526070
发 行 部：010-57526568　　官方网址：www.ccppg.cn

印刷：北京瑞禾彩色印刷有限公司

开本：720mm × 1000mm 1/16　　印张：10.75
版次：2021 年 3 月第 1 版　　印次：2021 年 3 月北京第 1 次印刷
字数：80 千字　　印数：5000 册

ISBN:978-7-5148-4482-5　　定价：68.00 元

图书出版质量投诉电话 010-57526069，电子邮箱：cbzlts@ccppg.com.cn

[270] 上海市统计局 . 上海统计年鉴 2005[M]. 北京：中国统计出版社，2005.

[271] 上海市统计局 . 上海统计年鉴 2006[M]. 北京：中国统计出版社，2006.

[272] 上海市测绘勘察院 . 上海社区图集 [M]. 上海：上海调查院出版社，2005a.

[273] 上海市测绘勘察院 . 上海主要开发区地区 [M]. 上海：上海调查院出版社，2005b.

[274] 上海城市发展年鉴 1995. 上海：上海年鉴出版社 .

[275] 上海城市发展年鉴 2000. 上海：上海年鉴出版社 .

[276] 上海城市发展年鉴 2004. 上海：上海年鉴出版社 .

[277] 王沪宁 . 中国变化中的中央和地方政府的关系：政治的含义 [J]. 复旦学报，1988（5）：1–8.

[278] 谢黎萍，孙宝席 . 易地走新路——上海申安纺织有限公司总经理陈国珍访谈录 [J]. 上海党史党建，2006（7）：56–59.

[279] 龚仰君，夏大慰 . 上海工业发展报告 [M]. 上海：上海财经大学出版社，2001.

[280] 杨万钟，祝兆松，黄锡霖等 . 上海工业结构与布局研究 [M]. 上海：华东师范大学出版社，1991.

[281] 叶贵勋等 . 上海城市空间发展研究 [M]. 北京：中国建筑工业出版社，2003.

[282] 周一星，孟延春 . 北京的郊区化及其对策 [M]. 北京：科学出版社，2000.

目录

彭连熙 绘

一

说一说创作背景

伟大的小说

《红楼梦》是中国小说的巅峰之作。作者曹雪芹逝世二十多年后，颇有名望的文士兼出版商程伟元收集了多种抄本，在举人高鹗的帮助下进行整理，于1791年冬印刷出版，史称程甲本。《红楼梦》至此由抄本时代进入印本时代，一般读者也因此能够看到这部伟大的小说了。

《红楼梦》还是有关中国传统文化的百科全书，是作者历练人生、阅读学习、思考创作的平生积累加上理性萃取的成果。它记录了大量关于历史文化方面的知识信息，读者看《红楼梦》，历历在目的有历史万象、社会百态、风俗习惯、宗教信仰、家族兴衰，有衣食住行、喜怒哀乐、生老病死、恩怨情仇，还有山水园林、建筑工艺、戏曲音乐、书法绘画、鲜衣美食，等等。《红楼梦》将读者带入红楼梦中人的生活境况，让人沉浸在中华文化的博大精深之中。

清代乾隆中叶以来，《红楼梦》的艺术魅力吸引了世世代代的读者，上自达官贵人，下至贩夫走卒，人们从各自的需要出发，从不同的角度阅读它喜欢它。程甲本《红楼梦》面世没几年就有好事的写手，模仿《红楼梦》的写法或沿用小说的故事和人物，用长篇章回小说的形式续写《红楼梦》，叫什么《后红楼梦》《续红楼梦》《红楼圆梦》《红楼梦影》……续写水平有高有低，但这些作者都是《红楼梦》的忠实读者，并借着自己的续作扩大了《红楼梦》的影响。

因为《红楼梦》内容的丰富性，加上成书的复杂性、作者曹雪芹家世生平等问题，给这一部小说的研究带来了非常多的特殊性，竟至逐渐形成了一门独立的学问——红学，如果从脂砚斋评点《石头记》算起的话，至今已有260余年的历史。一书以名学，这在中国学术史上是独一无二的。时至今日，《红楼梦》依然具有符合时代精神的价值观念和现代人的意识精神。

现在全社会都在提倡阅读，这在移动互联网时代显得尤为迫切、尤为重要。我们撰写本书的目的，就是要立足中小学生的心理特征和阅读特点，将赏析性阅读与娱乐消遣性阅读有机结合起来，在情节分析、人物解读、思想探讨方面尽可能贴近《红楼梦》的小说文本，便于学生接受，同时也为他们将来的研究型阅读做一些力所能及的铺垫。

《红楼梦》的伟大不仅在于它的经典性，更在于它的常读常新，意蕴深厚。无论我们何时何地打开《红楼梦》，它总是一个魅力无穷、充满文化力量的世界！

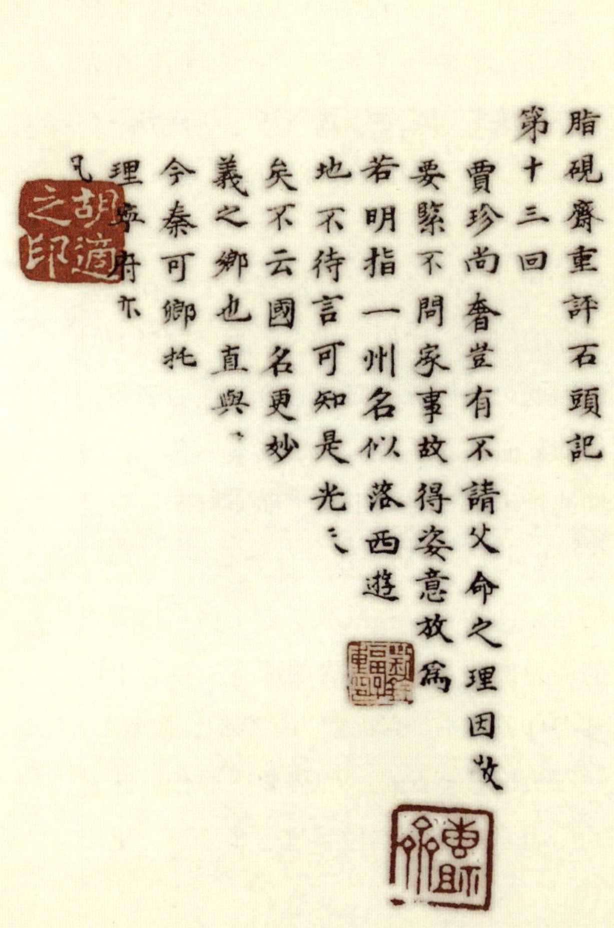

脂硯齋重評石頭記
第十三回
賈珍尚奢豈有不請父命之理因敬
要緊不問家事故得姿意放爲
若明指一州名似落西遊
地不待言可知是光〻
矣不云國名更妙
義之卿也直與〻
今秦可卿托
理寧府亦
乙

胡適之印

脂砚斋重评《石头记》

八十回和一百二十回

我们读《红楼梦》，尤其是第一次阅读，就要到书店去找一种通行的本子，书名是“红楼梦”三字，一百二十回。作者署名为“曹雪芹原著，高鹗续”，或为“曹雪芹、高鹗著”，近年来也出现有署名“曹雪芹著，无名氏续，程伟元、高鹗整理”的本子。

在这些通行的普及本中，读者会发现《红楼梦》的一些问题，这也正是“红学”要研究的问题。比如，前八十回与后四十回的问题，作者曹雪芹的问题，续作者高鹗或另有其人的问题，等等。这是因为《红楼梦》面世的最初形式是底本不太一样的各种抄本，而现存早期的抄本都只有八十回，即便有回目目录标列一百二十回的，内文也只到八十回，并没有全本。

原名《石头记》的八十回抄本，在风靡了二十多年后，程伟元声称经过他多年的竭力搜罗，已将散失的原本一百二十回基本找齐，并于1791年冬印刷成书，封面题为“绣像红楼梦”，这便是程甲本，本名“石头记”至此被“红楼梦”取代。此本印行70多天后，程伟元、高鹗又将印本做了进一步修订，重印出版，即为程乙本。

要进行《红楼梦》和作者曹雪芹的深入研究，就不能不接触各种抄本和评点本。原来，曹雪芹当年一边写作，他的亲朋好友就一边用“脂砚斋”等笔名誊抄，还将他们对小说内容及创作艺术的看法用传统评批的方式随文写在上头，这些批点文字，通称作“脂评”或“脂批”。曹雪芹“批阅十载，增删五次”，每次修改都需誊写，抄本便各有不同，其中最常见的书名是《脂

叙

予聞紅樓夢膾炙人口者幾廿餘年，然無全璧，無定本。向曾從友人借觀，竊以染指嘗鼎為憾。今年春，友人程子小泉過予，

以其所購全書見示，且曰：此僕數年銖積寸累之苦心，將付剞劂，公同好。子閒且憊矣，盍分任之？予以是書雖稗官野史之流，然尚不謬於名教，欣然拜諾，正以波斯

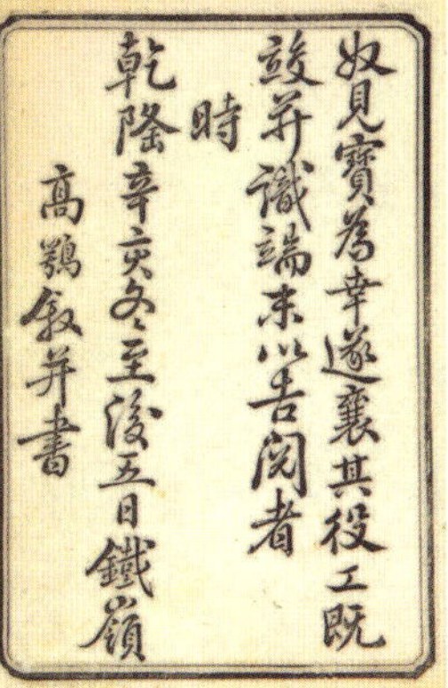

奴見寶為幸，遂襄其役。工既竣，并識端末，以告閱者。

時乾隆辛亥冬至後五日鐵嶺

高鶚叙并書

序

紅樓夢小說本名石頭記，作者相傳不一，究未知出自何人，惟書內記雪芹曹先生刪改數過。好事者每傳抄一部，置廟市中，昂其值得數十金，可

補短，抄成全部，復為鐫板，以公同好，紅樓夢全書始至是告成矣。書成，因並誌其緣起，以告海內君子。凡我同人，或亦先覩為快者歟。

小泉程偉元識

新镌全部绣像红楼梦·清乾隆五十六年苏州萃文书屋木活字本

脂砚斋重评《石头记》

砚斋重评〈石头记〉》。脂砚斋对《石头记》（《红楼梦》）曾从前往后进行过多次誊抄和评批，“甲戌本”是“抄阅再评”，“己卯本”“庚辰本”所记都是“脂砚斋凡四阅评过”。可以看出，脂砚斋是跟着曹雪芹的一遍遍修改进行阅评的，根据批语落款时间计算，脂评的评批时间超过十五年。所批内容，或透露了作者曹雪芹的家世信息，或透露了《石头记》八十回以后的某些情节，也因为与作者有实际的交往，甚至还会写下相应文字的切身回忆，因此具有十分重要的文献价值，在曹雪芹家世研究、成书和创作艺术及后四十回研究中都起着不可替代的作用。

《红楼梦》今日存世共十四部抄本，比对起来相互之间都有差异，据说是因为底本来自曹雪芹不同时期的改写本，传抄过程中又有抄手致误甚至有意增减。但因《红楼梦》未能在作者在世时印刷出版，所以抄本比起后来的排印本还是更接近曹雪芹创作的原始面貌，在《红楼梦》版本史上的价值也更大。

总的说来，通行本有助于读者一般性阅读，评点本则多了一些文本之外的引导，有助于欣赏和思考。这两种虽然都不是原作者曹雪芹的完成之本，但总是给了读者一个关于《红楼梦》的完整概念。

作者曹雪芹

《红楼梦》作者的问题，因为研究的复杂和丰富，甚至从红学中生发出一门独立的学问——曹学。从曹雪芹同时代人所记笔记或者清代人的诗文中，特别是抄本上的脂评写下的作者家事方面的线索，我们大致可以判断得出作者是曹雪芹，以此作为前提来研究《红楼梦》，应该是最科学最有效的选择。

曹雪芹（1715—1763 或 1764），名霑，字梦阮，号雪芹、芹圃、芹溪，从他的朋友敦诚、敦敏和张宜泉等人题咏他的诗

曹雪芹像局部　　　　蒋兆和　绘

乾隆帝龙袍（云锦）德国格拉西博物馆藏

中，我们可以勾画出这样一个曹雪芹来：工诗善画，狂放孤傲，嗜酒健谈，野居荒村，中年而逝。《红楼梦》的出现，固然因为中国的小说创作积累到了清朝，是出现巅峰之作的时候了，更实在的原因是曹雪芹生在织造曹家。这个本是汉人，后成为内务府包衣的曹家，有着可以折射清代历史的百年家族史。

曹雪芹先祖本是汉人，曾住在河北丰润及辽宁的辽阳和沈阳等地，其上祖曹振彦原是明代驻守辽东的下级官员，大约在1621年后金攻下辽阳时被俘归附，之后又随清兵入关，成为满洲正白旗包衣，在人身隶属关系中属于满人的奴才。曹振彦的长子曹玺供职在专为皇家服务的内务府，后来又专差久任江宁织造。其妻孙氏做过康熙的保姆。满人家庭本来就有尊重乳母和保姆的习俗，又因为孙氏曾伺候年幼的玄烨战胜过天花病魔，被后来成为康熙帝的玄烨称作“吾家老人”。曹玺也因这层关系备受康熙宠信，其子曹寅和曹宣天资都很好，特别是曹寅，自小聪颖，十三岁左右即离家北上，进京读书。十五六岁开始做康熙的侍卫，后出任苏州织造，又调任江宁织造，还兼任过巡视两淮盐政，后“给曹寅以通政使司通政使衔”。康熙帝非常宠信曹寅，将曹寅的两个女儿指配给两位王子为妻，其中一位王子名“纳尔苏”，是清初“八大铁帽子王”之一克勤郡王岳托之后，正儿八经的宗室“黄带子”。曹寅不但官声大、任期长，而且学问非常好，热心文化艺术事业，在那个时期的江南，算是大名鼎鼎的文化名人，周围团结了一大批饱学之士，在江南很有威望。曹寅的儿子曹颙在其父死后接任江宁织造，可惜早亡，由皇上为曹寅过继的儿子曹頫续任。康熙年间，从曹玺起，曹家三代四人世袭江宁织造近六十年，煊赫一时。

在清代，织造衙门就是朝廷直属的驻地方机构，江宁织造、苏州织造、扬州盐运司等衙门，都是最有钱的机构。曹家三代四人做了五十八年的织造，曹寅等还兼做盐运，应当家底丰厚才对，可惜，应了那句“富不过三代”的老话，曹家上下因为生活靡费，又不善理财，曹寅还乐于为人刻书、造园林、养戏班，更加上几次大热闹——康熙六次南巡里曹家四次接驾，花钱如流水，造成巨大亏空，一直赔补不上。康熙每每加以关照，但等到雍正皇帝继位，曹家的日子就不那么好过了。曹頫常常因故被皇上斥责，到雍正六年六月，又发生了曹頫家的下人骚扰驿站案，曹家终于难逃厄运，被朝廷抄了家。也有人说，经济原因只是一个方面，曹家被抄主要是因为清宫的内部斗争，据说是在夺嫡大战中曹家站错了队，招致雍正厌恶。雍正登基后不几年，曹家终被抓住把柄治罪削官，没收家产。

曹雪芹是曹寅的孙子，可他到底是曹颙的遗腹子还是曹頫的儿子，专家们还在讨论。曹雪芹的生年是专家根据他的大致卒年和其“年未五旬而卒”的记载推得的，所以只能是个大约的时间。其生于康熙乙未年（1715）这个说法大家比较认可。幼年曹雪芹应当生活在南京“江宁织造府”，曾赶上过家里最后一段鲜花着锦的富贵生活。我们从曹雪芹友人敦诚、敦敏的诗文所写“扬州旧梦久已觉”“秦淮旧梦人犹在”“秦淮风月忆繁华”等可知，曹雪芹对那段繁华的江南生活怀有极其浓厚的情结，以至于在《红楼梦》里还念念不忘江南风物。

大约在曹雪芹十二三岁的时候，南京的家被雍正皇帝下令抄没，他跟随祖母、母亲举家回到北京。当时他们在北京崇文门外蒜市口十七间半房、前门外鲜鱼口、通州张家湾的一家七千银子的当铺以及六百亩的典地等几处产业都还在，这些成为他们生活的基本保障。

曹雪芹一生没有入仕，只在右翼宗学做过教习之类内务府安排的工作。晚年的曹雪芹移居北京西郊的西山地区，生活越发潦倒。大约在1762年冬，曹雪芹年幼的独子夭亡，他悲痛欲绝，到乾隆二十七年壬午除夕（1763），在贫病交加中萧然长逝。

彭连熙　绘

二

讲一讲故事内容

三条主线并行

《红楼梦》故事情节复杂，人物众多，主题多元，不过，大致可以从中梳理出三条主线来：

一是贾府的从“烈火烹油、鲜花着锦之盛”到“树倒猢狲散”。

小说里贾、史、王、薛是当时金陵最显赫的四大家族。贾家年尊位重的老祖宗贾太君出自史家，她的大儿媳王夫人和孙媳王熙凤出自王家，王夫人的妹妹嫁到了薛家，贾母的大孙女元春还是皇帝的宠妃。其中“元妃省亲”是贾家兴盛的高潮，“刘姥姥三进荣国府”，则是贾府由盛而衰的关键节点。第一次凤姐说“大有大的艰难去处”时，已预示了贾府繁华后面的危机。第二次刘姥姥随贾母体验了贾府的奢华生活，其实已是表面的现象。最后刘姥姥救出凤姐的女儿巧姐，这时的贾府真的不仅不比当年，贾母的曾孙女甚至需要一个农村老妇来拯救了。最终，因为贾府子弟穷奢极欲，贪腐欺民，导致被革职抄家，家业败亡，不可收拾，“落了片白茫茫大地真干净”。

元春

另一条主线是宝玉、黛玉、宝钗爱情婚姻的发生、发展和结局。

黛玉母亲去世，千里辞父来贾府依靠外祖母，与表兄贾宝玉一见如故，两小无猜，逐渐产生情愫。黛玉体弱多病，多愁善感，尤其在父亲去世后，更有寄人篱下的哀怨，与宝玉的情投意合给了她生存的力量与希望。宝玉的姨表姐薛宝钗，是一位体丰貌美、聪明多识的女孩，后来也寄居贾府，并与宝玉接触频繁，还有“金玉姻缘”的说法。三个人的感情就这样有了复杂的纠葛。宝玉虽然倾心于黛玉，但他为人随和，对几乎所有的女孩都体贴温柔，是个多情种子；而黛玉自感身体状况不佳，也不似宝钗有母兄维护，加上性格不像宝钗那样随和，便不免在小儿女的矛盾与摩擦中患得患失。最后的结果是，宝玉被迫

刘姥姥初会王熙凤

与宝钗结婚，黛玉饮恨而亡。宝玉虽然在病中被家长安排娶了宝钗，但到底“意难平”，后来还是出家做了和尚。

第三条主线是大观园中的生活和众女性的命运。

省亲别墅由元妃命名为大观园，又因元妃提议，成了贾宝玉和众女孩的乐园。宝玉入住怡红院，黛玉住潇湘馆，宝钗住

中秋夜品笛桂花荫

贾宝玉梦游太虚境

蘅芜苑，迎春住缀锦楼，探春住秋爽斋，惜春住蓼风轩，寡妇李纨带儿子住稻香村。他们读书习字，弹琴下棋，作画吟诗，描鸾刺凤，和丫头们游戏玩乐，还成立了诗社。他们的诗词创作，是《红楼梦》中一道耀眼的文化风景。贾母、王夫人、凤姐等也会时不时地到园内来聚会、宴饮和游览，贾母和凤姐都曾给予大观园住客许多支持和关照。但大观园也不是世外桃源，割不断与园外人事和府外社会的联系，“绣春囊事件”引起了

四美钓鱼

抄检大观园的灾难性打击。随着丫鬟司棋、晴雯、四儿、入画等人被逐，探春远嫁，惜春出家，园子变得荒凉冷落，杳无人迹。大观园的衰落也映照了贾府的衰落。

复杂的人物关系

《红楼梦》是家庭小说，以贾府的家庭体系论，人物角色有祖母、儿子、儿媳、孙子、孙媳、重孙、重孙媳、伯叔、嫂嫂、兄弟、姊妹、姨妈、姑妈、姨娘、表姐、表妹、表哥、表弟；《红楼梦》又是世情小说，以职业论，则有官僚、军人、吏卒、跟班、清客、道士、道婆、和尚、尼姑、巫士、教师、学生、农夫、庄主、佃户、商人、乐师、伶人、账房、管家、医生、盗贼、娼妓、女先儿、放债人、当铺伙计；以贵贱论，上有贵妃、亲王、郡王、公侯伯爵、将军，下至仆婢，还有村妪、儿童，无业游民、市井无赖。

贾府五代人百年的大致系脉如下：

宁国府：

贾演（宁国公）→贾代化（世袭一等神威将军）→贾敷（早夭）贾敬（好道）→贾珍（世袭三等神威将军）→贾蓉（捐得五品龙禁尉的官爵）

荣国府：

贾源（荣国公）→贾代善（世袭一等神威将军）→贾赦（世袭一等将军）贾政（工部员外郎）→贾珠（考中秀才，二十岁上病故）贾琏（捐了同知）贾宝玉→贾兰

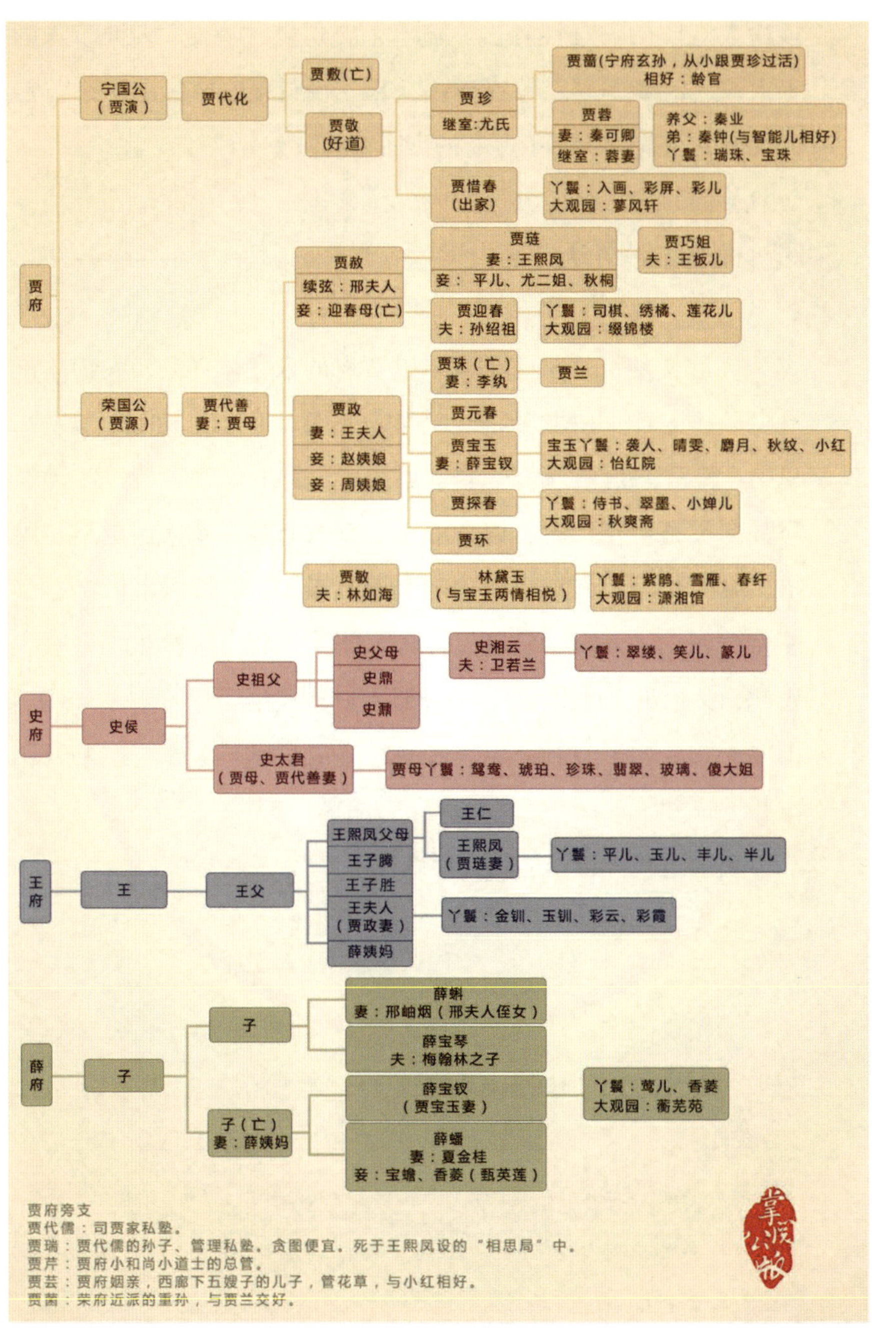

红楼梦四大家族人物关系图谱

小说中的主要人物，大多属于贾、史、王、薛“四大家族”中的某一“族”，又互相联络有亲，但基本的脉络所来有据，一丝不乱，各分角色地活动着。

金陵史家是贾母的娘家，小说中出现的，除了史湘云之外，就只有忠靖侯史鼎、保龄侯史鼐及湘云的二婶娘史鼎之妻，湘云父母早亡，其叔婶待她不好。

王家的顶梁柱是王子腾——王夫人、薛姨妈的哥哥，贾宝玉的舅舅，任京营节度使，继升了九省统制，后在回京的路上病亡。王仁是凤姐的兄长，行事不像个人样，与凤姐关系不好。

薛家是皇商，领着内帑（tǎng，国库里的钱财）钱粮，有百万之富。守寡的薛姨妈带着儿子薛蟠和女儿薛宝钗进京待选（备选为公主郡主入学陪侍，充为才人赞善之职），借住在荣府的一个独门院子里。后来薛宝钗的堂弟堂妹薛蝌和薛宝琴也投奔了过来。薛宝琴曾随父亲走遍了三山五岳，进荣府即认了王夫人为干妈，后嫁梅翰林之子，而薛蝌则娶了邢夫人的侄女邢岫烟。

贾府的姻亲还有几家有来往的，老亲中有江南的甄家，京郊的刘姥姥是攀亲攀来的。正经的姻亲还有：宁府尤氏的继母尤老娘及她带来的两个女儿二姐三姐；秦可卿的父亲秦业和弟弟秦钟。除尤老娘没有交代下落外，尤二姐尤三姐一个吞金一个自刎；秦业气病而亡，秦钟病死。

再看荣府，邢夫人的兄嫂带了邢岫烟投奔来，贾母留下岫烟与迎春同住，后来嫁于薛蝌。

邢夫人的胞弟邢德全，人唤“傻大舅”，吃酒赌博，散漫使钱，整天抱怨邢夫人把邢家的钱都带走了。李纨是贾珠的遗孀，

史湘云

其父李守中曾为国子监祭酒，信奉“女子无才便是德”。李纨的寡婶带了女儿李纹、李绮来探亲，曾久住大观园中的稻香村。

《红楼梦》的时代，像贾府这样的公侯之家，实行的是家奴制，由二十几个主子和数百奴仆组成。《红楼梦》深入描写的主奴关系和奴仆世界，在中国小说史上是空前的。

《红楼梦》之所以那么受人追捧，得到历代文学爱好者的喜欢，最重要的原因就在于它的故事和人物逼真感人。这些人物在强大的现实压力之下，或者做了悲惨的牺牲品，或者不断地进行着顽强而又无望的抗争。有喜怒哀乐，有成长变化，有离散死亡，从而赢得了读者由衷的喜爱和同情。

交错的情节进展

前人曾用“一树千枝，一源万派，无意随手，伏脉千里”的比喻，来形容《红楼梦》的结构线索特征。“一树”和“一源”可以理解为主线，在《红楼梦》中，宝黛的爱情悲剧是一条显现的主线，它把显示宝玉和黛玉性格、命运发展的各个事件联系成为一个整体。贾府败落的线索是暗线，刘姥姥三进荣国府则是贾府由盛而衰的几个关节点。

所谓的“千枝”和“万派”就是现在我们所说的其他各种线索，总结起来，大体可分作三类，即人物类线索、事件类线索和物件类线索。

人物类线索中起功能性作用的一僧一道，他们穿插始终，将通灵宝玉通过神瑛侍者携带到人间，通灵宝玉历世的十九年间，他们时不时地会出现。癞头和尚曾想度化幼年的甄英莲和

士隐抱女路遇僧道

林黛玉，在被拒绝后，留下了预言她们一生命运的“疯话”，还让薛家将与通灵宝玉上的八个字登对的话錾在金器上给宝钗戴。跛足道人超度过甄士隐、柳湘莲，给贾瑞送去风月宝鉴，也曾为贾宝玉治病、送玉；最终，宝玉是被一僧一道两边架着出了家。

另外，书中甄士隐、贾雨村、刘姥姥还都是功能性的人物，他们在自身有故事有思想的同时，在结构上也起到了贯穿全书的作用。甄士隐甄家的小荣枯预示着贾宝玉贾家的大荣枯。贾雨村先得甄士隐资助进京博取功名，被参革职后入林如海府教授林黛玉，得贾政推举重新被起用，再度入仕，到任接手的第一案就是包庇薛蟠的葫芦案。贾雨村为了讨好贾赦而诬陷石呆子谋其古扇，后见贾府势微又落井下石，加速了贾府被抄。最后落得身败名裂，悟道出家，与甄士隐一起归结红楼梦。

人物类线索还有王熙凤的理家故事和元、迎、探、惜四春的故事。王熙凤从荣宠弄权、风光无限到人钱不济、众叛亲离，终至所敛钱财被抄、宝贝女儿离散、自身一命呜呼。元春受封凤藻宫，以贵妃之身省亲，后病死宫中。她一身肩负着贾府整个一族的命运，在“那不得见人的去处”受尽荣辱甘苦，孤独地死去。迎春温柔怯懦，被父亲嫁给中山狼，受尽屈辱，“金闺花柳质，一载赴黄粱”。“才自精明志自高”的探春，“生于末世运偏消”，本有望在家族落难时不致家人流散的，却被迫远嫁，家乡路遥。公府千金惜春最后出家为尼，过着“缁衣乞食”的生活。元、迎、探、惜对应着“原应叹息”，她们的命运是与贾府的家族命运共浮沉的。

事件类线索如可卿出丧、元春省亲、探春理家、抄检大观园，这些都成为表现家族盛衰的重要线索。此外还有一些节日、生日的庆祝活动，以及打醮（jiào，道士设坛念经做法事）、祭祖等仪式，并诗社活动等，也都成为串联情节的线索。

物件类线索也有一些，如：宝玉、金锁、金麒麟、鸳鸯剑、汗巾子、绣春囊等。通灵宝玉是补天顽石幻化而成，有灵性可

贾政奉旨元妃省亲

失通灵宝玉知奇祸

治病消灾，其上所镌“莫失莫忘 仙寿恒昌”字样，和宝钗金锁上的“不离不弃 芳龄永继”恰成一对，“金玉姻缘”之说一直困扰着林黛玉。傻大姐在园里山石后边捡到“两个妖精打架”的绣春囊，被邢夫人拿去将王夫人的军，由此掀起了一场抄检大观园的风波，直接导致司棋、入画、晴雯、芳官、四儿等一批女孩子被逐。

在通常情况下，一部小说的高潮往往是故事的各条线索交汇、人物命运即将被决定或者故事的悬念被消释的关键时刻。以上所说的人物类线索、事件类线索和物件类线索，都曾形成过线索交汇的小高潮。

比如第一百五回“锦衣军查抄宁国府”。贾府矛盾冲突渐渐外露乃至激化，经济景况更是每况愈下，至九十二回之后步入末路，而其主因还都在贾府内部，到此回，突然有外力相加，有如雪上加霜，贾府终至一败涂地。

鲜明的人物性格

语言、主题和情节是文学的三个要素。《红楼梦》作为家庭小说，情节设计堪称教科书。比如第五十二回“俏平儿情掩虾须镯”，借处理坠儿偷镯一事，写了几个人的性格。

平儿的“虾须镯”被怡红院的宋妈看见是丫头坠儿偷的，宋妈拿了来要回二奶奶，被平儿拦住。平儿怕晴雯爆炭性子嚷出事来，就暗中叮嘱麝月留心坠儿，为的是保全怡红院的体面。平儿考虑的是“宝玉是偏在你们身上留心用意、争胜要强的，那一年有一个良儿偷玉，刚冷了一二年，间还有人提起来趁愿，这会子又跑出一个偷金子的来了，而且更偷到街坊家去了。偏是他这样，偏是他的人打嘴。所以我倒忙叮咛宋妈，千万别告诉宝玉，只当没有这事，别和一个人提起。第二件，老太太、太太听了也生气。三则袭人和你们也不好看。”躲在窗下的宝

欺幼主刁奴蓄险心

玉听了，很是感念平儿的体贴。之前，晴雯因为平儿鬼鬼祟祟地叫出麝月去说话，还怀疑过平儿“必是说我病了不出去”，宝玉当时曾分析说“平儿不是那样人”。

因坠儿是怡红院的丫头，平儿怕的就是晴雯忍不住“一时气了，或打或骂，依旧嚷出来不好”，果然，当宝玉告诉她时，晴雯“气得蛾眉倒蹙，凤眼圆睁，即时就叫坠儿”，宝玉以不辜负平儿好意及她自己需要养病劝阻下来。次日，只写宝玉指挥着怡红院的人，为晴雯治病而请医问药地忙乎。第三日，晴雯吃了药，仍不见病退，急得乱骂大夫，又骂小丫头们不尽职，就在此处，书中特写晴雯在病床上将坠儿一把拉住手，一边用“一丈青”“乱戳”，一边骂她“拈不得针，拿不动线”“打嘴现世的”，被麝月拉开后，立刻命人叫来宋嬷嬷，说宝二爷嫌坠儿懒，让“今儿务必打发他出去”。坠儿的娘不服气，进来理论，晴雯一味耍横，让她老太太跟前告去。最后还是口齿爽利的麝月有理有威地压服住，坠儿娘抱恨而去。当晚晴雯抱病为宝玉补了雀金裘，至于力尽神危。袭人送母殡回来，知道坠儿事后也认为晴雯“太性急了些”。这一节，只用处理坠儿一件事，就写出了平儿的体贴周到，宝玉的善于推情度理和晴雯的简单峻急。

情节又被称作人物性格的历史。曹雪芹善于恰当地安排人物与环境、人物与人物之间的关系，以情节触发人物的动机与行为，从而准确地表现人物性格。

第五十五回“辱亲女愚妾争闲气”，写赵姨娘的兄弟赵国基死了，探春依照旧例给银二十两，赵姨娘前来哭闹，说她连袭人也不如了（袭人母丧给银四十两）。探春以家里的和外头

晴雯病补雀金裘

宁国府除夕祭宗祠

的本自分明为依据，哪怕凤姐允了她也不肯让步。事过之后，探春痛苦地说过：“我但凡是个男人，可以出得去，我必早走了，立一番事业，那时自有我一番道理”。曹雪芹紧接此回又推出第五十六回的“敏探春兴利除宿弊”，写她进一步树立个人权威，并深入调研，出台大观园改革方案，严格用人标准，推动改革落实。两回书就把探春这个有胆有识有能力的奇女子形象刻画了出来。这些为探春设计出的情节，很深刻地表现了她的性格、思想和感情。

丰富的细节刻画

没有细节就没有艺术，《红楼梦》这部伟大巨著中，细腻地描绘人物性格、事件发展、社会环境和自然景物的基本构成单位，实在是数不胜数，色彩纷呈。在这里我们举一个例子来看看细节在整部艺术作品中的作用。《红楼梦》中描写吃饭的情节很多，我们看第五十三回“宁国府除夕祭宗祠　荣国府元宵开夜宴”中的一个细节描写：

贾母花厅之上共摆了十来席。每一席旁边设一几，几上设炉瓶三事，焚着御赐百合宫香。又有八寸来长四五寸宽二三寸高的点着山石布满青苔的小盆景，俱是新鲜花卉。又有小洋漆茶盘，内放着旧窑茶杯并十锦小茶吊，里面泡着上等名茶。一色皆是紫檀透雕，嵌着大红纱透绣花卉并草字诗词的璎珞。

写贾府夜宴的豪奢，作者不去描述菜肴，在简略一笔带过家下人客的到来后，即落笔于筵厅气氛的烘托上，特别是花厅的陈设，显示了钟鸣鼎食之家的气派。文中的“炉瓶三事”是那个时代北京的特定术语，指香炉、香盒、箸瓶。“璎珞”也作“缨珞”，是一种特殊的装饰品，早先来自印度，一般是挂

大观园

在佛教的莲座之上，由彩绣锦缎、流苏连缀而成。文中写陈设还写到瓶插“岁寒三友”和“玉堂富贵”。“岁寒三友”指松枝、竹枝和折枝梅花；“玉堂富贵”是折枝牡丹或芍药。瞧瞧，这就是钟鸣鼎食之家的豪奢。

又比如，写《红楼梦》中的典型环境大观园，因为这里是贵族私园，用途又是为迎接元妃省亲的，总有几分拟似皇家园林的味道，从园内正殿“崇阁巍峨，层楼高起”这个细节就可以看出。第十七十八回“大观园试才题对额”里，宝玉为“有凤来仪”（潇湘馆）作的对联是“宝鼎茶闲烟尚绿，幽窗棋罢指犹凉”，意趣指向“棋”。看起来是“清凉瓦舍”的“蘅芷清芬”（蘅芜苑），异草奇香，贾政曾叹：“此轩中煮茶操琴，亦不必再焚名香矣。”指向的是“琴”。勾起贾政归农之意的“稻香村”，则取自山野田舍农家之趣，意在“耕读传家”。这些细节设计，体现的是传统文人的精神追求。黛玉的潇湘馆中突出的植物是竹子；宝钗的蘅芜苑让人看到的是雪洞一般的素净；探春的秋爽斋是大气阔朗；宝玉的怡红院却像小姐的闺房。这些环境描写都十分彰显人物的性格、思想。可见，大观园内的园林建筑景物、居所环境，等等，非常多的小细节，都不离曹雪芹最根本的写作诉求，那就是要将园林和人物一步步地构建起紧密的关系来，从而达到对人物的深入刻画，且有助于情节的顺利展开。

彭连熙　绘

读一读主要人物

《红楼梦》创造了一个琳琅满目的人物画廊。在这个有着几百人众的画廊中，只算个性鲜明有血有肉的主要人物就有五六十人。鲁迅说《红楼梦》“和从前的小说叙好人完全是好，坏人完全是坏的，大不相同，所以其中所叙的人物，都是真的人物”。当然，这里说的“真的人物”，并非和生活中的人一模一样，作家的思想和理想是暗自贯穿在创作之中的。这样似曾相识又未曾相识，正是小说艺术形象的魅力之所在。

在荣府这个累世同居的贵族之家，最年长者贾母被尊作“老祖宗”，她是贾府家庭生活的主心骨，是高居“宝塔尖”的家长。正是在她的护佑之下才有了贾府表面的和平及大观园的女儿世界。此外，《红楼梦》的主题之一即是宝、黛、钗爱情婚姻悲剧，这三人当之无愧就是小说的中心人物。凤姐是长房贾赦的儿媳，又是二房贾政的内侄女，替王夫人掌管荣府内务，这位当家奶奶，住在大观园外却心向园内，她联系着贾府的主奴上下。我们要领略《红楼梦》人物描写的艺术魅力，选取贾母、宝玉、黛玉、宝钗、凤姐这五个典型形象是最为恰切的。

贾母

贾母是史侯家的小姐，嫁入荣国公府，亲历过当年的盛况，无奈于如今的颓势。她八十多年的生涯，见证了贾府百年的盛衰，我们透过她展示或回忆的优雅生活，可以想见贾府作为贵族之家的居家理想；作为二代荣国公的未亡人，她维系着宗法制下贾府的日常运转；大观园的建设源于元妃省亲，大观园作为女儿国的存在却得益于贾母的倾力护佑。

贾母出身在“阿房宫，三百里，住不下金陵一个史”的史家，嫁入“贾不假，白玉为堂金作马”的贾府，从“作重孙子媳妇起”到“有了重孙媳妇”，生了贾赦贾政两个儿子，到重孙子贾兰，四世同堂，是贾府活着的“老祖宗”。她寿高望重，其社会地位和荣宠也成为整个贾府的荣耀与标志。

第七十一回，贾母八旬大庆，宁荣两处，齐开筵宴。宁国府中单请官客，荣国府中单请堂客。皇亲、驸马、王公、诸王、郡主、王妃、公主、国君、太君、夫人及阁府督镇、诰命并诸官长都来祝寿。在荣国府内，全族给贾母做寿，场面隆重：“下边两溜顺着房头辈数下去。帘外两廊，都是族中男客，也依次而坐。”“赖大等带领众家人，从仪门直跪至大厅上磕头。”作为元妃的祖母，一品诰命夫人，其社会地位从这权贵齐聚的祝寿名单就可见一斑。这样仪式感很强的场面，也起到了聚拢族人的作用，是一种家族向心力。

安享晚年的贾母看起来不问家事，却一直如润滑剂一般，维系着大家族这台机器的日常运转。她的维系刚柔并发，饱含了生存智慧。

贾政与宝玉父子关系紧张，在第三十三回中，贾政毒打宝玉，王夫人劝阻不力，贾母不得不拿出母亲的身份，靠宗法家庭中亲权神圣不可侵犯来搭救孙子。第四十七回，贾赦看上贾母的大丫鬟鸳鸯，邢夫人亲自做媒，贾母气得指责邢夫人“贤慧也太过了”“由着你老爷性儿闹”“他逼着你杀人，你也杀去？”以此保护了鸳鸯，贾赦与鸳鸯的主奴矛盾也得到缓解。贾赦好色、顽劣，在中秋家宴上借讲笑话发泄对母亲“偏心”的不满，因为这个儿子执拗，贾母为了不引起大的家庭冲突，在贾赦将迎春许配给孙绍祖时，贾母曾试图劝阻，见他不听也只好作罢。

第四十四回，凤姐生日聚宴，贾琏趁便在家中与鲍二家的淫乐，凤姐无意中撞见撕闹，贾琏恼羞成怒，持剑追杀，凤姐投到贾母怀中要老祖宗救命，贾母赶走贾琏，劝凤姐不要吃醋，说馋嘴猫儿偷腥不算什么，并派人安慰夹在贾琏和凤姐夫妻之间受了气的平儿。贾琏和凤姐夫妻之间的矛盾以贾母威逼贾琏向凤姐赔罪而得到解决。

贾母八旬寿辰，本家的喜鸾、四姐儿随母进府拜寿，贾母吩咐下人：“我知道咱们家里的男男女女都是‘一个富贵心，两只体面眼’，未必把他两个放在眼里。有人小看了他们，我听见可不依。”以此警醒，免生不快。这样体贴下情，也是贾母能团结族众的一个明证。

平日里贾母虽安享尊荣，但她警惕性很高，每当太监过府，她便心乱惶恐。第十六回，六宫都太监来宣贾政入朝，起先不知是为元春加封的事，贾母一直惶惶不安，不住地使人飞马来往报信。

贾母年轻时是理家好手，只一件事就能看出她当年杀伐决

接外孙贾母怜孤女

断的影子。第七十三回，贾母闻知宝玉因有人跳墙入园受到惊吓，立马警觉到“各处上夜都不小心”“只怕他们就是贼”。探春报告有婆子聚赌，她马上把“要钱”与“吃酒”“门户任意开锁”“藏贼引奸盗”联系起来，并想到园内皆系女人，“再有别事，倘略沾带些，关系不小”。于是下令“即刻查了头家赌家来，有人出首者赏，隐情不告者罚”，处理起来更是雷厉风行，“骰子牌一并烧毁，所有的钱入官分散与众人，将为首者每人四十大板，撵出，总不许再入；从者每人二十大板，革去三月月钱，拨入圊厕行内”。这样敏锐、果断，足见贾母的凌厉与能力。

贾母对孙辈非常慈爱，惜春是宁府那边的，没有了母亲，与嫂子又不睦，她一并接来与迎春、探春一样带在身边。黛玉、湘云都是孤儿，她接来教养。宝钗、邢岫烟不过是亲戚，她也给她们提供安稳的乐园。贾母偏疼宝玉和黛玉，第二十九回，宝玉因黛玉又说金玉事而生气摔玉，惹得黛玉大哭大吐，过后两人还不肯就好，贾母哭着抱怨说他们“不是冤家不聚头”“几时我闭了这眼，断了这口气，凭着这两个冤家闹上天去”。贾母对黛玉的呵护，如母亲一般细微，过年放鞭炮，她将黛玉搂在怀里护着。各房按例孝敬她的新鲜菜肴，她也要挑着让人送给黛玉和宝玉吃去。

贾母溺爱宝玉，把他放在女孩堆里养着。她曾跟王夫人分析宝玉说：“别的淘气都是应该的，只他这种和丫头们好却是难懂。我为此也耽心，每每的冷眼查看他。只和丫头们闹，必是人大心大，知道男女的事了，所以爱亲近他们。既细细查试，究竟不是为此。岂不奇怪。想必原是个丫头错投了胎不成。”正是基于这种观察，贾母不担心宝玉变坏，不像王夫人那样不放心儿子，草木皆兵，看到个漂亮、聪敏外露的女孩子就担心宝玉被勾引坏了。

贾宝玉和林黛玉在贾母精心呵护的宽松环境里，从“意绵绵静日玉生香”的青梅竹马，经过“西厢记妙词通戏语”的试

荣府贾母八旬大庆

探，以及“诉肺腑心迷活宝玉”的煎熬，到“情中情因情感妹妹”黛玉题帕三绝的回应，宝黛爱情健康地发展着。虽然说这美好的爱情最后以悲剧告终，但是，它的萌芽与成长堪称绝唱。这种美好，如果没有大观园，没有贾母的精心呵护是决不可能发生发展的。

贾母是一家之长，她最讲究“礼”。第五十六回，她解释自己偏爱宝玉的道理时就大谈守礼：“你我这样人家的孩子们，凭他们有什么刁钻古怪的毛病儿，见了外人，必是要还出正经礼数来的。若他不还正经礼数，也断不容他刁钻去了。就是大人溺爱的，是他一则生的得人意，二则见人礼数竟比大人行出来的不错，使人见了可爱可怜，背地里所以才纵他一点子。若一味他只管没里没外，不与大人争光，凭他生的怎样，也是该打死的。”

第七十一回，荣府两个守夜看门的婆子顶撞东府的尤氏，凤姐让人拘了给尤氏处罚。邢夫人当众给凤姐没脸，凤姐私下哭肿了眼也不曾抱怨。贾母知道后，道：“这才是凤丫头知礼处。难道为我的生日，由着奴才们把一族中的主子都得罪了也不管罢。”

凤姐有她的缺陷，但贾母懂得用其所长，她对凤姐的喜爱也是真心的。第三十八回，王夫人怕贾母惯坏了凤姐，贾母笑道：“我喜欢他这样，况且他又不是那不知高低的孩子。家常没人，娘儿们原该这样。横竖礼体不错就罢，没的倒叫他从神儿似的作什么。”这样营造出来的家庭气氛，才是严肃活泼的。

老太太惜老怜贫是一贯的，第三十九回，贾母以一品诰命夫人之尊，接待从乡下打抽丰来的刘姥姥，欠身问好，命人端椅子给客人坐，口称“老亲家”拉家常。这样亲切，越显得贾母从容、高贵。同样的初见场景，王熙凤则是端足了架子以震慑刘姥姥。刘姥姥二进荣国府，贾母留下刘姥姥住了两三天，在大观园吃喝玩乐，临走贾府送了她一车的吃穿用物并一百多两银子。贾政曾说“自祖宗以来皆宽柔以待下人”，这话应该不假，贾府能历数代而坚守宽柔家风，当是贾母以身作则的缘故，如果她为人刻薄，此风必早已失。

袭人因母丧未跟来伺候，贾母因讲究礼数，不满道：“跟主子却讲不起这孝与不孝。若是他还跟我，难道这会子也不在这里不成？皆因我们太宽了，有人使，不查这些，竟成了例了。”话虽这样说，听了王夫人的解释后，也便未要袭人上来，而是让人将些果子菜馔点心之类与袭人和同样热孝在身的鸳鸯吃去，可见贾母的机变与宽仁。

贾母出身在世家侯府，嫁到公府大族，虽没有高深的学问，却因为“大惊小险千奇百怪的事”的磨炼，见多识广，掌握了

贾母村姥游紫菱洲

相当丰富的文化知识。她对诗文、小说、故事、戏曲、曲艺、音乐、对联、酒令、灯谜、棋牌等颇能鉴赏，也能给予适当的评价；对礼俗、饮食、游赏、服饰、器用以及居处陈设等也很在行。她自称很会收拾屋子，第四十回，在黛玉潇湘馆，贾母见窗纱的颜色旧了，便说院子里头没有桃杏树，竹子已是绿的，再拿这绿纱糊上反而不配。接着就讲起被凤姐错认作蝉翼纱的“软烟罗”，说有雨过天晴、秋香色、松绿的、银红四样颜色，“若是做了帐子，糊了窗屉，远远的看着，就似烟雾一样”。薛姨妈听了感慨“连我也没听见过”。当看到薛宝钗屋里雪洞一般时，她感觉女孩子不该也不能这样素静，叫过鸳鸯：“你把那石头盆景儿和那架纱桌屏，还有个墨烟冻石鼎，这三样摆在这案上就够了。再把那水墨字画白绫帐子拿来，把这帐子也换了。”贾母对音乐鉴赏颇有自己的独特感悟，她知道借着水音会更好听。第七十六回就曾写到她赏月品乐，闻笛坠泪。

贾母深知创业之艰与守成之难，但是大厦将倾，她懂得认命。当贾府被抄举家失措之时，她倒出自己一辈子积攒的私房钱物，一家家分下去，帮大家过活，并讲出顺天认命的话来安抚家人。

贾母是贯穿全部书的人物，她寿高望重，有四世同堂之福，是封建大家族的标志；她地位尊，经事多，持家有方，御人有术；她还是位见识过人的老祖母，通达事理，是大家族的主心骨。她活着，意味着贾府一息尚存，她死去了，贾府也树倒猢狲散了。

彭连熙　绘

宝玉

贾宝玉是整部《红楼梦》的中心，他的特殊身份与特殊性格，系连起贾府内外上下尤其是与众多女性的关系。很难设想，没有这么一个对外是贵族公子、在内是宝贝疙瘩，上承祖母溺爱、下可自由出入裙钗队伍的贾宝玉，《红楼梦》将是个什么样子。这个主体人物，不仅是《红楼梦》得以构成恢宏巨著的关键，更是曹雪芹重要思想的承载者和传递者。

作者曹雪芹写贾宝玉的出场是经过精心设计的，分暗出和明出两层推出。

所谓暗出就是在众人口中出场。第二回冷子兴演说荣国府时，说宝玉在抓周时“只把脂粉钗环抓来”，其父贾政气愤地说他“将来酒色之徒耳”，但祖母史太君却“爱如珍宝”。黛玉初进贾府，王夫人告诫她：“我有一个孽根祸胎，是家里的‘混世魔王’”并要黛玉“不要睬他”。黛玉幼时也曾听母亲说过这位表哥，“乃衔玉而诞，顽劣异常，极恶读书，最喜在内帏厮混，外祖母又极溺爱，无人敢管。”至此，读者会跟黛玉一样，猜测这宝玉“不知是怎生个惫赖人物，懵懂顽童？”

贾宝玉正式亮相时，在黛玉眼中却是一位俊秀公子，“面若中秋之月，色如春晓之花，鬓若刀裁，眉如墨画，面如桃瓣，目若秋波。虽怒时而若笑，即瞋视而有情”。

按照小说的神话设计，贾宝玉是神瑛侍者托生的。“瑛”是似玉的石头，佛门或仙界的侍者是长老或神仙的随侍，地位尊崇。那么这个在太虚仙境侍弄花草的神瑛侍者，下凡托生在钟鸣鼎食之家为贵胄公子，他究竟是怎样的一个人物呢？

女孩在贾宝玉的眼中是人上之人，他自称“浊玉”，实际上，宝玉是“诸艳之冠”，这是对《红楼梦》创作意图非常了解的脂砚斋下的评语，堪称慧眼。小说中有多处强调宝玉与女孩有一样的品格。凤姐当面说宝玉“你是尊贵人，女孩儿一样的人品”；第四十三回，宝玉带茗烟到水月庵私祭金钏，茗烟虽不知祭奠的是谁，他代主子祷告时却说：“你在阴间，保佑二爷来生也变个女孩儿，和你们一处相伴”；第七十八回，贾母跟王夫人聊起宝玉的与众不同时说：“想必原是个丫头，错投了胎不成！”这些都能说明：宝玉在心理上恨不得身为女孩，不少人都体察到了他的这种想法。之所以向往成为女孩子，倒不是因为贾宝玉性格天生如此，而是由他尊女贬男的思想观念决定的。

“女儿是水做的骨肉，男人是泥做的骨肉，我见了女儿，我便清爽，见了男子，便觉浊臭逼人。”这被宝玉当作了信仰。第二十回作者写宝玉懒得管教贾环时，添加了几句颇似解说的文字：“因他自幼姊妹丛中长大，亲姊妹有元春、探春，伯叔的有迎春、惜春，亲戚中又有史湘云、林黛玉、薛宝钗等诸人。他便料定，原来天生人为万物之灵，凡山川日月之精秀，只钟于女儿，须眉男子不过是些渣滓浊沫而已。因有这个呆念在心，把一切男子都看成混沌浊物，可有可无。”宝玉交往比较亲密的几位男性朋友秦钟、蒋玉菡、柳湘莲，也都是清隽如女孩的美男子，且性情温润，绝不似一般概念中的粗鄙男人。

宝玉不仅赞赏女儿们，还愿意看到她们和睦喜乐。黛玉和湘云生气，宝玉为了她俩不生间隙要当和事佬，反落得两处的贬谤。他虽委屈地回屋大哭，又写偈又填词地抒发胸中不快，但当他见到她们时马上又高兴了起来。宝玉是爱博而心劳的老好人。他平

憨湘云醉眠芍药裀

等地对待女孩子，不分贵贱，不问亲疏。当她们犯了错怕受处罚时，他出面替她们顶缸，譬如彩霞偷玫瑰露给贾环，事情败露，宝玉假托逗她们玩认下了贼赃，平息了一场可能会被小题大做、引发祸事的风波。

他的爱是博大的爱，包括亲近、爱心、同情与尊重，他博爱的对象，不仅包括他的家人，黛玉、宝钗、湘云等亲戚，还包括袭人、晴雯、紫鹃、鸳鸯、金钏、平儿等丫鬟，以及芳官等伶人。贾环在赵姨娘的教唆下非常仇恨宝玉，曾故意使坏弄翻灯油烫伤了他，宝玉依然不予计较，以平常心待之。平儿是“二奶奶屋里”的，并不住在大观园，一日，平儿夹在贾琏和凤姐之间受了气，原本不干宝玉事，但他同情平儿的委屈，为她“理妆”，代他哥嫂向平儿道歉，叹她的薄命“比黛玉尤甚”。

宝玉的爱，由人及物，由物及人，因为他见了鱼儿、鸟儿、花儿，会和它们说话，被人视作“呆病”。一日，他看见一株大杏树结了好多小杏子，便由“绿叶成荫子满枝”联想起邢岫烟已择了夫婿，不过两年，便也要“子满枝”，再几年，岫烟未免乌发如银，红颜似槁了，因此伤心，并对杏流泪。

宝玉不仅对他熟悉的人，连不相识的家班戏子龄官和藕官，他也同情关照。龄官因为思念恋人贾蔷而在地上反复画着“蔷”字，宝玉自己淋着雨不觉得，反提醒她快去躲雨；藕官在大观园里违规烧纸钱，被老婆子抓个现行，宝玉路过碰到也去极力回护解救。这种无差别的博爱，是没有哪个贵族公子可以做到的。

第五十九回，小丫头春燕转述宝玉的说法：“女孩儿未出嫁，是颗无价之宝珠，出了嫁，不知怎么就变出许多不好的毛病来，虽是颗珠子，却没有光彩宝色，是颗死珠了；再老了，更变得不

宝玉进府茗烟求恕

是珠子，竟是鱼眼睛了。”这个“宝珠鱼眼珠”的说法，体现着宝玉对泥做的男人的反感。宝玉认为，男人在世俗的虚浮世界里会变得沽名钓誉，浊臭逼人，清纯的女孩子本来干净清爽，一沾了男人就变坏了。正是对“须眉浊物”追名逐利的反感，宝玉表现出“富贵不知乐业”的纨绔样子，被评作“天下无能第一，古今不肖无双”。因为在世人眼中，世家子弟本应读书仕进，宝玉却嗤为禄蠹；名门后裔当承继祖业，宝玉却只在内帏中厮混。

正是这根植于骨髓中的尊女贬男思想，导致了宝玉“懒与士大夫诸男人接谈，又是最厌峨冠礼服贺吊往还等事”。趋炎附势的贾雨村每每来贾府拜访，贾政定要宝玉出来陪客，一向温和的宝玉会变得气急败坏。第三十二回，宝玉正为贾雨村又要见他而抱怨，湘云劝他该会会这些为官做宰的，以后好有个朋友，他居然对向来疼爱的云妹妹说：“姑娘请别的姊妹屋里坐坐，我这里仔细污了你知经济学问的。”他讽刺读书走仕途的人为“国贼禄鬼”。尽管如此，宝玉并不算是什么叛逆者，他对封建的礼法和孝悌，既敬且重，贾母常当众肯定宝玉的知礼，曾说“凭他们有什么刁钻古怪的毛病儿，见了外人，必是要还出正经礼数来的”，夸他行出来的礼数比大人不差。贾环是他庶出的弟弟，猥琐下作，宝玉虽不拿出哥哥的款去管束他，倒也当他是兄弟，好言劝他，不予歧视。小说到了最后，贾宝玉万念俱灰，为了报答祖母及父母的养育之恩，给家人一个交代，毅然决然地走进科举考场，中了个举人，完成他的尘世责任，了却他的人子之行。

荣府把贾宝玉当作家族的继承人寄予厚望，但少年宝玉却看似“潦倒不通时务，愚顽怕读文章”。其父贾政讥讽他：“你如果再提‘上学’两字，连我也羞死了。”宝玉听不得宝钗湘云讲仕途经济的混账话，曾感慨：“好好的一个清净洁白女儿，也学得钓名沽誉，入了国贼禄鬼之流”，“真真有负天地钟灵毓秀之德”，竟然说“只除‘明明德’外无书”，都是前人“另出已意，混编纂出来的”，扬言“除四书外，竟将别的书焚了”。

老学究讲义警顽心

痴公子杜撰芙蓉诔

但事实上，宝玉反对的只是为了八股应试而读书，并不是真不读书，宝钗就说他杂学旁收。宝玉对诗词曲赋都颇精通，虽说在大观园的诗社里他常常垫底，但从他在“大观园试才题对额”里的精彩表现来看，宝玉当是甘居女子之后，作诗时故意落败也未可知。第七十八回贾政让宝玉写《姽婳词》，他淋漓尽致地发挥了他在“须眉浊物”面前睿智灵动的特点，尽显风流。他私下里祭奠晴雯所写的《芙蓉女儿诔》，也尽展才情。后来贾政年迈，名利之心淡了，也便改变了对宝玉不学无术的看法，认为宝玉的才情也还不算十分玷辱了祖宗。

他在大观园的住所怡红院乃“总一园之首”。曹雪芹使用别出心裁的手法为我们描绘了一个红绿相映，且以红色的女儿棠为重心的怡红院。“红”字在中国文化里，是热情与美丽的象征，也可以用作女性或美好人性的喻指。在《红楼梦》中，这些文化意味都有，具体到怡红院，“红”应指女孩，“怡红”是使女孩子高兴的意思。第六十三回“寿怡红群芳开夜宴”就是写怡红院里的欢乐情绪。在夜宴中得到最大满足的自然是寿星宝玉，不仅是因为众美为他而欢聚，更因为大家的欢乐带给他满足感。尽管宝玉爱女孩们，但他对她们的爱，不是占有也不是爱情之爱，与他对黛玉的感情不可同日而语，有着质的不同。

贾宝玉与林黛玉的爱情故事是《红楼梦》的主线之一，宝黛爱情不是一见钟情，他们青梅竹马，从两小无猜到相知相爱，经过了多年的了解，经历了从试探到心心相印好几个阶段。这种具有现代意识的爱情描写，打破了“私定终身后花园，落难公子中状元”的传统写法，可以说，宝黛的爱情悲剧是中国文学史上的绝唱。

宝玉博爱到爱一切清俊的人，他无阶级差别地尊重、爱惜女孩们，连如水一般温润的男子也一样关爱。可是，他自己是个无用的人，大观园被抄，王夫人撵走了晴雯、司棋、四儿、芳官，他无能为力，晴雯死了都没办法去给她送葬。他爱黛玉，黛玉却在他与宝钗新婚的喜庆里凄苦地死去。他安享尊荣，只愿乖乖地在温柔乡里过日子，贾府却因为犯了事被抄家……贾宝玉感受到人间的悲凉之气，一颗喜聚不喜散的心，变凉变冷漠了。小说的结局部分，黛玉泪干而逝，“爱”是林黛玉死的原因，也是贾宝玉出家、摆脱尘世的理由。宝玉最终出家为僧，实现了他对黛玉说的“你死了，我做和尚”的承诺。

寿怡红群芳开夜宴

黛玉

在众美如云的大观园里，林黛玉无疑应该是第一号女神。前面讲过，《红楼梦》真正的故事是从林黛玉进贾府开始的，这就可见黛玉这一人物之重要。书中专门以宝玉的视角刻画了她的美貌：

两弯似蹙非蹙罥烟眉，一双似喜非喜含情目。态生两靥之愁，娇袭一身之病。泪光点点，娇喘微微。闲静时如姣花照水，行动处似弱柳扶风。心较比干多一窍，病如西子胜三分。

这样一副典型的病美人形象，宝玉看了就说“这个妹妹我曾见过的”。这似曾相识之感，让宝玉既生怜爱之心，又有情人眼里出西施之意，妙在黛玉初见宝玉也是因眼熟而大吃一惊。宝黛相见伊始，就确定了二人的关系必然是小说的主线和重头戏。众人眼中的黛玉，“年貌虽小，其举止言谈不俗，身体面庞虽怯弱不胜，却有一段自然的风流态度”，写出了她精神与肉体的反差，简要而准确地勾勒了黛玉的性格特点。而癞头和尚说的，“凡有外姓亲友之人，一概不见，方可平安了此一生”，却揭示了她悲剧命运的不可逆转。这应该比判词中的“堪怜咏絮才”“玉带林中挂”更令人触目惊心。林黛玉投靠了嫡亲的、富贵之家的外祖母，遇见了女性守护神般的表兄贾宝玉。她不仅见了外姓亲友，还依靠着他们，落了个悲剧的下场，这是任何人开始读《红楼梦》时所不敢想象的，也是读完《红楼梦》后不肯相信的。清代除女作家顾太清的《红楼梦影》外，几乎

黛玉

所有的《红楼梦》续书都不接受黛玉病死的结局，想尽办法让黛玉还魂或重新托生，与宝玉或宝玉的来生再续良缘。

在宝黛前生的神话部分，黛玉是灵河岸边三生石畔的绛珠仙草，因神瑛侍者甘露灌溉，得换人形，并随之下凡，决心以“一生所有的眼泪还他”，回报恩德。这就是所谓的“木石前盟”。此一“还泪”之愿，宿命地决定了宝黛的爱情悲剧。黛玉与宝玉相遇一见如故，青梅竹马，情投意合，并逐渐产生爱情，二人虽然经历了感情的波折与痛苦，但都确认对方是不可替代的心上人。黛玉对宝玉的真情从不怀疑，但敏感的她，从不埋怨宝玉给自己的太少，却总担心他分出去的太多，所谓“见了姐姐，就把妹妹忘了”，尤其是宝钗金锁上的“不离不弃　芳龄永继”正与宝玉玉佩上的“莫失莫忘　仙寿恒昌”是一对儿。

宝黛的爱情故事是《红楼梦》中的精彩情节，也是中国古代小说爱情主题表达的高峰之一。然而最后的结局却是：“木石前盟”不敌“金玉良缘”，有金锁的宝钗嫁给了宝玉，黛玉含恨而亡。黛玉确实是只有眼泪的付出，而无缘于婚姻。宝黛的爱情描写，是《红楼梦》及作者之所以伟大的重要因素之一。

十二钗册子上题黛玉是“堪怜咏絮才”，直指她的诗才。宝钗、湘云也能诗，但她们只在诗社里写，黛玉生活中却以诗记事抒情。以数量计，黛玉的诗词作品最多，有三十多首，且多首为长篇歌行，如第二十七回的《葬花吟》、第四十五回的《秋窗风雨夕》、第七十回的《桃花行》等。林黛玉是诗性的化身，她的身体无力承载巨大的精神重量，就只能是一种诗性的存在。她的诗词，倾注了作者曹雪芹的心血，体现了中国古典诗词的内涵与魅力。她夺魁的《咏菊》《问菊》，是她与历代诗魂的对话，即使置于传统诗人的诗集之中，也毫不逊色。“毫端蕴秀临霜写，口角噙香对月吟”，灵心慧性，化作诗情画意。“莫言举世无谈者，解语何妨话片时”，孤标傲世，超然物外。她外美内秀，体弱性刚，唯独在聪明智慧方面特别突出。潇湘馆里的竹子是她精神的物化，诗词写作是她生命的存在方式。《葬花吟》是其生命的哀歌，《题帕诗》是她带血的眼泪。“冷月葬诗魂”——她的生命就是一首哀怨的诗。

说《葬花吟》是林黛玉生命的哀歌，是因为诗中强烈的生命意识和不向命运屈服的精神。她深感生命的脆弱，“一年三百六十日，风刀霜剑严相逼”；她敏锐地感觉到生命的短暂，“一朝春尽红颜老，花落人亡两不知”。她的身世使她明白，可仰仗的人很少，知己更是唯一，但也在渺茫之中或两可之间，“红消香断有谁怜？”所以，“未若锦囊收艳骨，一抔净土掩风流。质本洁来还洁去，强于污淖陷渠沟”，她对命运的结局认识是清醒的，宁为玉碎不为瓦全的决心是坚定的。小说到第九十七回，黛玉在一息奄奄时，狠命撑着将书有《题帕诗》的绢帕撂在了火盆里，这“焚稿断痴情”的举动，感动了二百多年的读者，这“焚稿”应是与“葬花”桴鼓相应的。黛玉的其他诗词，虽充分展示了她深刻的诗心和过人的诗才，但却仅是作为其生存个体的才华显现，用以反衬男性社会对女子个性的压抑，而非人物与作者相通的思想流露，表达的也不是人所共鸣的生命感叹，都不如这首《葬花吟》对人灵魂的震撼之深。

黛玉天性多愁善感，在人事关系复杂的大家族中生活，寄人篱下，忧谗畏讥，她只能“步步留心，时时在意，不肯轻易多说一句话，多行一步路，惟恐被人耻笑了去”。作者写黛玉的孤

葬花

林黛玉焚稿断痴情　薛宝钗出闺成大礼

高自许，目无下尘，口齿锋利甚至尖刻，除了突出人物性格特征之外，更重要的是体现特殊处境中黛玉的人格独立与自我保护心理。性格柔中有刚、讲话绵里藏针的宝钗，曾评价过黛玉的话语特点，她认为不识字的凤姐说的“不过一概是市俗取笑”，而“颦儿这促狭嘴，他用‘春秋’的法子，将市俗的粗话，撮其要，删其繁，再加润色比方出来，一句是一句”。宝钗是领教过黛玉的话锋的，其评价也隐含了对黛玉的批评。一个易被人误解的有怪癖、使小性的女孩子，竟然具有这么巨大的艺术吸引力，不仅让人无丝毫反感，反而对她心生怜爱与同情，甚至不无敬仰，但凡读《红楼梦》都无法拒绝或回避这一点。

黛玉丧母辞亲来依靠贾府，有贾母护持，有宝玉怜爱，有众姐妹围绕，竟以悲剧而终，这不仅可见世事变迁，也可见大家族的内部矛盾多么复杂而又尖锐。第二十八回，元妃赏赐端午节礼，只宝钗与宝玉的相同。第二十九回贾母因黛玉和宝玉总是吵架，流泪抱怨两个小冤家磨人。第五十四回，黛玉当众把自己的酒杯送到宝玉唇边喂他饮，贾母过后就借批鼓书《凤求凰》指责女子见了清俊男子就忘了书礼的可鄙。王夫人极不喜欢聪明伶俐的女孩子，她讨厌晴雯，她记得的晴雯是眉眼有些像林黛玉的。黛玉苦恼自己没人做主，诚心地认薛姨妈做娘，但这个“妈”也只当面许了一句“把你林妹妹定给宝玉”这样“四角俱全”的空话，并无下文。到终了，贾、薛两家竟然设“调包计”，拿宝钗顶替黛玉嫁给宝玉，祸害了宝黛钗三个人。

黛玉的悲剧，当然是作者的设计，但也是立足于对封建大家族的深刻理解。在那样的时代，有一种爱情，就是要用眼泪并且只有眼泪来回报的。在他人所续的后四十回中，宝玉中了“调包计”，在浑浑噩噩中娶了宝钗，而黛玉也同时泪尽而逝。

病神瑛泪洒相思地

虽然这个续写未必符合曹雪芹原来的设想，但却具有强烈的艺术冲击力，也在一定意义上拓宽和深化了《红楼梦》的主题。从这一点也可以看出，程本后四十回压倒了同为续貂之作的一众续书，与前八十回大体上珠联璧合，共传永久。因续书接续了宝黛爱情的悲剧，给黛玉的形象一个差强人意的悲剧结束，有鉴于此，可以评它为并非偶然为之的泛泛之作。

宝钗

薛宝钗是和林黛玉平分秋色的又一位闺阁佳人。小说第五回，贾宝玉看到的金陵十二钗正册所题的第一首诗就是合咏二人的：“可叹停机德，堪怜咏絮才。玉带林中挂，金簪雪里埋。”书中有一位诗才了得、以作诗为生命中第一要义的林黛玉，同时又有一位偏于德修、性情温婉、安分随时且懂得韬光养晦、聪明机敏的薛宝钗。我们读《红楼梦》时，可以把这两位不同性格不同遭际的贵族小姐对比着看。

晚于黛玉入府的宝钗，无论容貌还是品性都不输于黛玉，这薛宝钗“年纪虽大不多，然品格端方，容貌美丽，人人都说黛玉不及。那宝钗却又行为豁达，随分从时，不比黛玉孤高自许，目无下尘，故深得下人之心，就是小丫头们亦多和宝钗亲近。”

黛玉与宝玉常因小儿女间的误会而哭闹，有时居然拿剪子铰东西。第十七回，她误以为宝玉把自己送他的“荷包”给了小厮，赌气回房把个正在做的香袋儿“拿过来就铰”。第三十回，袭人求湘云给宝玉做双鞋，湘云不肯，拒绝的原因是她给宝玉做的一个扇套子，被黛玉赌气给铰了。相较之下，宝钗从不这样使小性子，

宝钗

她平时在姐妹们跟前很有姐姐风范，遇事冷静且宽以待人，即便受了委屈也只会自己默默地忍耐。第三十四回，薛蟠被冤枉“宝玉之打是他治的”，气得跟家里闹，要拿大棒去打死宝玉。母亲气急，宝钗责哥哥不懂事，薛蟠气急败坏，竟然说出因有金配玉之说宝钗偏袒宝玉的话，宝钗气怔，但怕母亲不安，只得含泪别过。虽然满心委屈，哭了一夜，次日一早还是回家去瞧母亲，不巧路上又遇见黛玉，又被不明真相的林妹妹笑话她为心疼宝玉哭肿了眼。心情本不好的宝钗对黛玉的嘲笑不予理论，一径走开，过后也不记黛玉的仇。第三十五回她还与黛玉“金兰契互剖金兰语”，这一回中黛玉终于承认了宝钗的好：“往日竟是我错了，实在误到如今。细细算来，我母亲去世得早，又无姊妹兄弟，我长了今年十五岁，竟没一个人像你前日的话教导我。”敌对的黛玉都被她的为人所感化，正面说明了宝钗的善良与豁达。宝钗懂得关怀人，作为居家的女孩，可以尽其所能地为他人排忧解难。知书达理加上内修的习得，越发凸显了她的温婉性情。

通部书中我们只见过一次宝钗发火。在第三十回，宝玉听宝钗说怕热，就拿她比杨贵妃，说她“原也富态些”。宝钗登时红了脸，待要发作，又不好怎么样；回思了一回，脸上越下不来，便冷笑了两声，说道：“我倒像杨妃，只是没个好哥哥好兄弟可以做得杨国忠的。”

正说着，可巧小丫头靓儿因不见了扇子，过来问宝钗。

宝钗指着他厉声说道：“你要仔细！你见我和谁玩过？有和你素日嘻皮笑脸的那些姑娘们，你该问他们去！”说得靓儿跑了。

宝钗借机发泄了她对宝、黛的不满，又借说李逵负荆请罪的戏讽刺宝黛闹气。她一个姑娘家被男孩子造次说笑，肯定是要表达不快的，但也不过是这样“机带双敲”，并没有在大庭广众之下大闹或赌气离场。那样既会让当事人下不了台，又有失淑女优雅的风范，是宝钗不愿也做不出来的。

书中交代宝钗跟随母亲和兄长进京，为的是“以备选为公主郡主入学陪侍，充为才人赞善之职”，说明她在“仕宦名家之女”之列。宝钗住进大观园的蘅芜苑，不像林黛玉要依靠贾家日常开销，她薛家是皇商，一应花销自家出，母亲就住在左近，可随时走动，所以她没有寄人篱下的感觉。哥哥薛蟠还常从外边弄些玩物或文房礼物供她在贾府上下做人情，她只需安安稳稳地与姐妹们一起做针黹女红，说说笑笑，诗社活动时作作诗，看着惜春作画时论论画，日常则是恪尽职责，对贾家长辈和自己母亲行礼尽孝。

宝钗的安分随时，已经成为她的行事准则，她还会以此标准教导薛家的准媳妇邢岫烟。第五十七回，宝钗在去看望黛玉的路上遇到邢岫烟，关心她的衣着冷暖及她在迎春处的处境，交代她要凡事忍耐。因见岫烟裙上有个碧玉珮，又得知是探春给的。

宝钗点头笑道：“他见人人皆有，独你一个没有，怕人笑话，故此送你一个。这是他聪明细致之处。但还有一句话你也要知道，这些妆饰原出于大官富贵之家的小姐，你看我从头至脚可有这些富丽闲妆？然七八年之先，我也是这样来的，如今一时比不得一时了，所以我都自己该省的就省了。将来你这一到了我们家，这些没有用的东西，只怕还有一箱子。咱们如今比不得他们了，总要一色从实守分为主，不比他们才是。”

邢岫烟典衣

这“一色从实守分为主”正是宝钗一贯的行事准则。王熙凤曾跟平儿评说过宝姑娘，说她拿定了主意“不干己事不张口，一问摇头三不知”。即便受姨娘王夫人所托协助李纨探春理家，宝钗也只做分内的事，履行她的监察之责。

八十回后故事中，宝钗嫁给因为丢失了通灵宝玉有些魂不守舍的贾宝玉，她只在心里埋怨过母亲答应贾家娶她冲喜的决定，却从不抱怨。她与宝玉举案齐眉，生活中体贴温柔，即便看得出宝玉的不甚欢喜，也能有礼有节地给予劝慰。虽说作为大家闺秀的薛宝钗，她自认不比别人差，却只能受命运的摆布，在家长们合谋的“调包计”中充当冒名顶替者，但她依然宠辱不惊，甚至在贾府被抄后，贾母见凤姐“略见些风波就改了样子”，曾对湘云说：“大凡一个人，有也罢，没也罢，总要受得富贵，耐得贫贱才好呢。你宝姐姐生来是个大方的人。头里他家这样好，他也一点儿不骄傲；后来他家坏了事，他也是舒舒坦坦的。如今在我家里，宝玉待他好，他也是那样安顿；一时待他不好，也不见他有什么烦恼。我看这孩子倒是个有福的。”宝钗的安分随时至此尽显其本色，博得人生大自在。

薛宝钗自己曾说小的时候也是个淘气的，阅读过好些杂书。在“女子无才便是德”的旧时代，女子以安分守己为妇德，宝钗内心崇信这个，她曾教导黛玉：“男人们读书不明理，尚不如不读书的好，何况你我。就连作诗写字等事，原不是你我分内之事。”但是她因为同样崇尚学问而喜欢读书。这从她知识面颇广、诗才又好上可以想见。她时时提醒姐妹们要做好分内事，其实也是在时时提醒自己的，这是她韬光养晦、不恃才张扬的表现。她崇尚学问，又懂得用学问来滋养自己的生命。

宝钗因为要照顾贾母的喜好，自己过生日点戏，也点老人爱看的《鲁智深醉闹五台山》，宝玉嫌这出戏太过热闹而埋怨她，她却耐心地给他解说此出戏如何排场好、词藻更妙。当宝玉因为戏中一支《寄生草》而去感悟“赤条条来去无牵挂”时，她又能用禅宗的语录开化他。

第五十六回“敏探春兴利除宿弊　时宝钗小惠全大体”，探春感叹赖大家花园经营得好，连一个破荷叶，一根枯草根子，都是值钱的。

宝钗道：“天下没有不可用的东西，既可用，便值钱。难为你是个聪敏人，这些正事大节目事竟没经历，也可惜迟了。”李纨笑道：“叫了人家来，不说正事，且你们对讲学问。”宝钗道：“学问中便是正事。此刻于小事上用学问一提，那小事越发作高一层了。不拿学问提着，便都流入市俗去了。”

荣国府宝钗庆生辰

“于小事上用学问一提”使得宝钗很有格调。

第二十七回写了个宝钗扑蝶的小插曲。这天是芒种节，大观园姑娘们都出来摆设各色礼物，祭饯花神，宝钗因不见黛玉就前往潇湘馆寻她，远远看见宝玉进去了便避嫌折返，路上看见一双玉色蝴蝶，一时兴起，用扇子去扑，蝴蝶一上一下迎风翩跹，宝钗香汗淋漓直追到滴翠亭，不想无意间听到两个丫头在亭里说些女孩子不该说的浑话，她怕“我听了她的短儿，一时人急造反，狗急跳墙，不但生事，而且我还没趣”，使了个“金蝉脱壳”的法子，假装与林黛玉捉迷藏掩饰了过去。

王夫人请她协助李纨、探春理家时，她审时度势，明白自己是客居身份，从不多事，表现得很聪明机敏。探春在大观园实行承包责任制，有一天，她们一同遴选承包人，平儿说莺儿的妈最在行，建议让她管花草，宝钗立马反对，绝不肯用薛家的人，提议派给跟莺儿妈要好的茗烟妈干，说让她们老妈子之间私情相帮，真个是“办得又公道，于事又妥当。”

老者安之，朋友信之，少者怀之，这是最成功的做人理想，宝钗很努力地追求着这个境界。她做事为人力求面面俱到，照顾到每一个人。在亲子关系中，与母亲相处，一方面孝，另一方面又亲。第五十七回，宝钗看望住在潇湘馆照顾黛玉的妈妈，薛姨妈说起她姐俩的婚姻归宿，宝钗害羞，一面说，一面伏在她母亲怀里：

薛姨妈用手摩弄着宝钗，叹向黛玉道：“你这姐姐就和凤哥儿在老太太跟前一样，有了正经事就和她商量，没了事幸亏他开开我的心。我见了他这样，有多少愁不散的。”

滴翠亭扑蝶

我们知道老莱子“彩衣娱亲”的故事，曹雪芹写王熙凤对贾母尽孝的第五十四回，就用“王熙凤效戏彩斑衣”做回目名。黛玉说宝钗“这么大了，离了姨妈他就是个最老道的，见了姨妈他就撒娇儿”，这种撒娇，最能温暖日渐衰老的母亲，是最好的孝顺。

宝钗对朋友能理解体恤，适时给予善良的同情和最需要的关怀。湘云因为加入了大观园的海棠诗社高兴得要做东道，宝钗知道她没钱，在家也做不得主，便私下为她筹谋，她说给湘云的道理是“既开社，便要作东。虽然是顽意儿，也要瞻前顾后，又要自己便宜，又要不得罪了人，然后方大家有趣。”宝钗强调要自己方便，不为难自己，又不得罪人，大家才能都高兴。最后，她出面向薛蟠要了几篓极肥极大的螃蟹，几坛好酒，备上四五桌果碟，替冒失的湘云兑现了承诺，湘云出面邀请贾母等众人，办了一个又省事又热闹的螃蟹宴。

宝钗姓薛，书中特写她长得丰满生得白皙，并用雪来做比喻。

藕香榭饮宴吃螃蟹

贾琏的小厮兴儿跟尤氏姐妹说见了薛宝钗得远远躲开，大气儿都不敢出，因为怕呼出的气暖了把她给暖化了。又因为她从娘胎里带的热毒，发作时每每需要服用特定日子的雨、露、霜、雪四水和着四种白色花蕊制成的“冷香丸”才能压住。雪是冷的，吃的药是冷香丸，随身配戴的金锁也不如玉来得温润，她在第六十三回群芳开夜宴所抽的花签是象征富贵的牡丹，花签所配的诗是“任是无情也动人”……但我们通过之前的解读，不会简单地由“雪”和“冷”去认定薛宝钗只是个冷美人。应当说，薛宝钗是一位性情温婉、安分随时且懂得韬光养晦、聪明机敏的大家闺秀。

凤姐

在《红楼梦》中，王熙凤是个高频出场的重要人物。家务繁杂靠她打理，迎来送往要她出面，贾母面前要她承欢，复杂局面也是她来应付，她是荣国府无人取代的内当家。但她的威，她的毒，她的贪婪令读者心寒，她的能干、机敏却又鲜活得令人向往。

凤姐初一出场就异于他人。第三回黛玉投亲入府，贾母带领一众女眷正堂上相见，只听后院中有人笑声，说：“我来迟了，不曾迎接远客！”未见其人先使闻声，等真正出场也是气派十足——只见一位“彩绣辉煌，恍若神妃仙子”的少妇在一群媳妇丫鬟围拥下进来。接着作者将其头上戴的、颈上围的、腰间系的一一写到。之后才写其容貌：“一双丹凤三角眼，两弯柳叶吊梢眉，身量苗条，体格风骚，粉面含春威不露，丹唇未启笑先闻。”

王熙凤

王熙凤的出场可谓隆重非凡，其先声夺人很快就成为全场的焦点。熙凤初会黛玉，便携了手，上下细细打量了一回，送到贾母跟前，笑着说道："天下真有这样标致的人物，我今儿才算见了！况且这通身的气派，竟不像老祖宗的外孙女儿，竟是个嫡亲的孙女，怨不得老祖宗天天口头心头一时不忘。"这几句话，既夸赞了黛玉，也奉承了贾母。善于讨好长辈，是凤姐最突出的特点之一。第三十八回，贾母回忆说自己小时候掉在水里叫木钉把头碰破，差点儿没命。

凤姐不等人说，先笑道："那时要活不得，如今这大福可叫谁享呢！可知老祖宗从小儿的福寿就不小，神差鬼使碰出那个窝儿来，好盛福寿的。寿星老儿头上原是一个窝儿，因为万福万寿盛满了，所以倒凸高出些来了。"

一番话将老太太与老寿星并举，既机智应景又巧妙讨喜，凤姐的承欢取乐的确非常人可及。凤姐讨好贾母的话语可以分时间、场合变易着内容和方式，而且称得上才思敏捷，随口就来，可谓唱念做打，效果俱佳。贾母很喜欢凤姐的这份聪明，曾说过巧嘴媳妇是喝过猴儿尿过来的笑话，爱意十足地夸赞她。凤姐的出奇妙语，贾府上上下下都很喜欢，她说起笑话来，家下丫头婆子都会挤过来听。

凤姐精明干练，就像第二回冷子兴说的："模样又极标致，言谈又爽利，心机又极深细，竟是个男人万不及一的。"在第六回里，王夫人的陪房周瑞家的对刘姥姥说到二奶奶："少说些有一万个心眼子。再要赌口齿，十个会说话的男人也说他不过。"

贾珍说凤姐从小“就有杀伐决断；如今出了阁，在那府里办事，越发历练老成了”。贾琏的小厮兴儿说她“心里歹毒，口里尖快”，“只一味哄着老太太、太太两个人喜欢，他说一是一，说二是二，没人敢拦他”，“估着有好事，他就不等别人去说，他先抓尖儿；或有了不好事或他自己错了，他便一缩头推到别人身上来，他还在旁边拨火儿”。

众人对凤姐的评价，不约而同地全都拿她与男人做比，都说她比男人强。秦可卿临终之所以托梦给她，也是因为她“是个脂粉队里的英雄，连那些束带顶冠的男子也不能过”。

凤姐生性逞性好强。第十三回，贾珍向王夫人借凤姐过宁府来协办秦可卿的丧事，王夫人怕凤姐没办过尚在犹豫，王熙凤却主动请缨，挑起了重担，并且起早贪黑地两府里兼顾，来回奔忙，还为宁府整治了家政方面存在的五件弊端：

> 头一件是人口混杂，遗失东西；第二件，事无专执，临期推委；第三件，需用过费，滥支冒领；第四件，任无大小，苦乐不均；第五件，家人豪纵，有脸者不服钤束，无脸者不能上进。

这五件确是宁府家政中的宿弊，连宁府内的人也说“论理，我们里面也须得他来整治整治，都忒不像了”。王熙凤一到任，即命彩明钉造簿册，次日卯正二刻就来到宁府，按名一个一个地唤进来看视，将婆子丫鬟或二十人或四十人地分作几组，轮班专司某项差事，责任到人，还杀鸡儆猴，当堂命人把一个迟到的丫头拉出去打了二十板子。这种洞察症结、抓住要害、出手凌厉的作风，正是凤姐的过人之处。

另一方面，王熙凤虽出身于仕宦名门，又嫁到荣国公府，却如市井小民般嗜钱如命，贪得无厌。王熙凤的贪财，一直是不讲究的，甚至不计后果。

第十五回，给秦可卿送葬的途中，老尼净虚求凤姐帮忙干预张金哥和守备公子的婚事。凤姐先是清高不愿管，后被老尼激将发了兴头，说道："你是素日知道我的，从来不信什么是阴司地狱报应的，凭是什么事，我说要行就行。你叫他拿三千银子来，我就替他出这口气。"结果害得一对有情人双双自杀殉情，李张两家人财两空。

凤姐对金钱的贪欲，已经达到不顾脸面的地步。贾芸为谋得个种树的活儿就曾给她送过麝香、冰片之类的香料；家下仆妇为谋得金钏的空缺争着往二奶奶院里送礼。对于送礼求关照的，王熙凤的态度一直是"既然他们愿送，那我就照单全收"，这些下人的小小礼物，她个当家奶奶居然并不嫌少。

第六十八回，凤姐把贾琏偷娶的尤二姐赚进荣府后，派人

王熙凤协理宁国府

指使张华向察院告状，并大闹宁国府，撒泼打滚之时还不忘谎称打点了五百两银子，逼得尤氏母子认了这五百两的“开销”。

凤姐因作弊敛财屡屡得逞，便更加欲壑难平，且胆大妄为。她竟然靠晚发全家人的月钱，打时间差拿去放贷，一年不到就有上千的银子。下人们短钱使是不敢说的，怕二奶奶知道了受到惩罚。第三十六回，王夫人说起赵姨娘抱怨短了一吊钱，王熙凤搪塞过太太后，一转身就发狠道：“从今以后倒要干几样尅毒事了”“明儿一裹脑子扣的日子还有”，可见她是处心积虑，而且有恃无恐，没有刹车的意思。

王熙凤虽是女流，对待她所厌恶的人，也会心狠手辣，置之死地而后快。

贾瑞和尤二姐都是间接死在凤姐手里的。那一日宁府请客，贾瑞在后花园截住凤姐拿话勾引她，凤姐心头发狠却假意应承，先后两次设计惩处色胆包天的贾瑞。贾瑞因第二次在夹道受冻一夜，被屎尿兜头浇了满身，回家又被祖父暴打罚跪，生了病，治了一年多死了。

贾琏偷娶了尤二姐，养在外宅。凤姐趁着贾琏出差在外，一面抓住尤二姐许过人家却又改嫁的把柄，挑拨与尤二姐退了亲的未婚夫张华，向官府状告贾琏国丧家孝期间停妻再娶，一面又花言巧语将尤二姐赚进贾府同住。表面上她与尤二姐姐妹相称，私下里却教唆下人及贾琏新宠秋桐作践尤二姐，并大势渲染尤二姐的不贤良，使其遭到贾母厌弃。最后尤二姐被庸医打掉已成形的男胎，丧失了生活下去的勇气，吞金身亡，凤姐借机又处置了秋桐。这种一箭双雕的手段阴险毒辣，整个肃清敌手的过程都在她的掌控之下，其心机和狠辣在贾府女性中绝

王凤姐弄权铁槛寺

无仅有。

“凡鸟偏从末世来，都知爱慕此生才。一从二令三人木，哭向金陵事更哀。”这是金陵十二钗册子上王熙凤的判词。繁体“凤”字，拆开来就是“凡鸟”。王熙凤虽是大家闺秀，却不似钗、黛那样读书识字，她对此欠缺亦有自知之明，跟平儿说探春：“她又比我知书识字，更利害一层了”。不读书本不为过，世家女的礼仪该当有的，但她利欲熏心，视财如命，行出的就只能是低俗庸劣的路数。李纨说凤姐上不了台面，也是说她没有大家闺秀应有的格局和教养。我们还记得秦可卿临终时托梦给她，告诉她可使贾府永保长久的法子，如果她有志向，将可卿临终嘱托落实下去，贾府或许不至于这么快地一败涂地。但可卿看走了眼，凤姐因为短视并没有听进去，甚至一点儿也未从秦氏的嘱托中听出警示的意思来。王熙凤的短板在其贪婪，在其不知收敛。王熙凤的命运是与贾府这个大家族的命运共生的。虫生于木，还食其木；虫食木尽，木尽虫亡。她的悲剧既是大家族坐吃山空的必然，也是她本人自食恶果。

《红楼梦》中作者着墨最多的女角，不是林黛玉也不是薛宝钗，而是这个王熙凤。《红楼梦》中有一个理想世界（大观园内）和一个现实世界（大观园外）。宝玉是男人，却能住在园内，是从院内通向园外的一道桥梁；凤姐则以女人的身份住在园外，是由园外通向园内的另一道桥梁。如果说宝玉是女性化的男人，凤姐则是男性化的女人。凤姐因为管家奶奶的身份，又私欲膨胀，所以大异于大观园的清隽女儿，但只崇拜女儿的宝玉并不反感她。他们叔嫂之间是经常出双入对的。在第三回，两人都是首次亮相，一前一后，都很隆重、耀眼。他们一同去宁府探视生病的秦可卿，会见秦钟；他们同车行进在给秦可卿送葬的路上。他们同时遭到魇魔法的暗害双双生命垂危，并同时得救痊愈。凤姐是荣府的大忙人，而宝玉则是“富贵闲人”，这样的两个

贾芸贿求凤姐

人却很和合，没有一般大家庭乌眼鸡一样的利益争斗。

作者如此设置男女主角，其实也从一个侧面指向小说的那个盛衰主题。被寄予希望的男性继承人贾宝玉悖逆社会的主流诉求，痴顽不通，无能也无心担负起家族生存的重责；荣府现任的当家奶奶王熙凤，尽管有才能干，却刻薄贪婪，只有小聪明而没有大智慧。荣宁二公害怕后代子孙无可继业，王熙凤从作威作福到财散身亡，正形象地说明了贾府“末世”的气数已尽，贾府的败落已成无可逆转的现实。

彭连熙　绘

四

品一品艺术魅力

亚神话叙事

在天荒地老的史前时代，人类既无力与严峻的生存环境抗争，又不能对复杂的自然现象做出解释，只能靠形象化的想象来应对自然力，赋予万物以人“灵”，便产生了神话。曹雪芹正是领悟了原始神话的这种本质特性，所以在创作小说时，凭借丰富的想象力建构了他的亚神话叙事——在原始神话的基础上又创造了新的神话。在第一回和第五回中，他有意识地设计了三段虚幻叙事：“石头”故事、“还泪”故事和太虚幻境，都可作为新神话来对待。

“石头”神话

女娲氏炼石补天之时，于大荒山无稽崖炼成高经十二丈，方经二十四丈顽石三万六千五百零一块。娲皇氏只用了三万六千五百块，只单单剩了一块未用，便弃在此山青埂峰下。谁知此石自经煅炼之后，灵性已通，因见众石俱得补天，独自己无材不堪入选，遂自怨自叹，日夜悲号惭愧。

后这石头求得一僧一道的帮助，幻化成五彩美玉（通灵宝玉）被神瑛侍者夹带入世。历劫之后，返回青埂峰下，有《石头记》传世。

这“石头”历世故事，是对女娲神话的大胆借用。作为创世女神，女娲功绩一在炼石补天，一在抟土造人。曹雪芹借炼石补天神话，将这个原始神话作为他新创神话的故事缘起，并

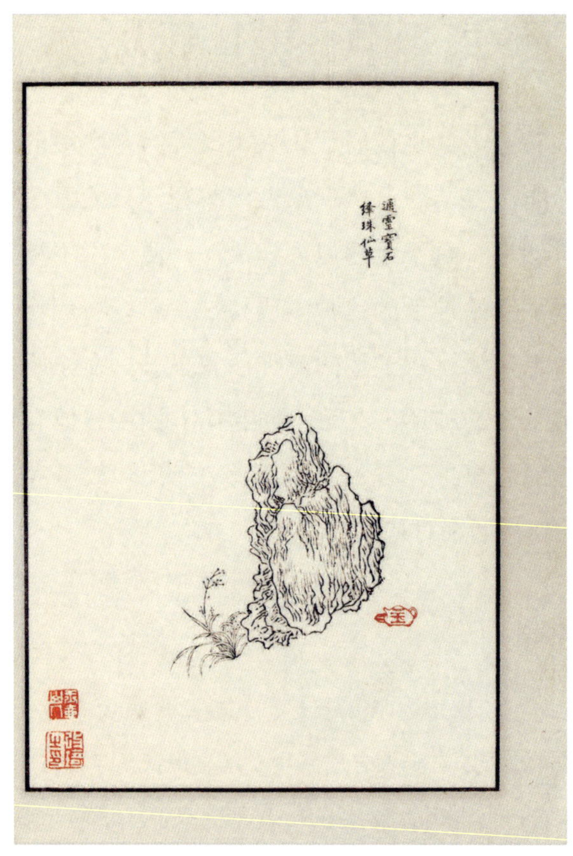

补天顽石·红楼梦图咏·清

一僧一道·新镌全部绣像红楼梦·清

以此作为表达新故事寓意的手段。“石头”故事的作用，比较明显的有三个方面：一是叙事功能，石头是故事的亲历者和记录者。二是代言功能，石头与空空道人的一段对话，实际上是代作者说的，相当于作者的创作谈。三是通灵功能，石头幻化成通灵宝玉，成为贾宝玉的伴生物，相当于宝玉的“心”和“灵”，丢失了它，贾宝玉就生病、痴狂、变傻，甚至有性命之忧。用贾母的话说，那是宝玉的“命根子”。

“还泪”神话

这是曹雪芹的新创，并没有可以依附的传统神话做基础。但其故事“母题”和表现方式却与原始神话或民间传说有一定的相关性。三生石畔木石结缘，绛珠草修成女体下凡“还泪”酬情，在我国的神话特别是宗教神话及民间传说中，多有神仙相爱或神人相恋，其缘结之因也常带有“报恩”性质。“还泪”就是酬报雨露灌溉之恩，仙草成仙借鉴的则是神话中常见的变形法则。“还泪”故事的功能相当于一个指向明确的寓言，直接对应小说主线宝黛之间的爱情故事，是宝黛爱情悲剧以及黛玉“泪尽而逝”悲剧结局的一种先验式预设。

太虚幻境

离恨天之上，灌愁海之中，放春山遣香洞中的太虚幻境，设立着“痴情司”“结怨司”“朝啼司”“夜怨司”“春感司”“秋悲司”。掌管太虚幻境的警幻仙姑乃是“司人间之风情月债，掌尘世之女怨男痴”的女神。她为了提点宝玉，让他观看《红

何其亮 吕淑娟 绘

楼梦》十二支曲的歌舞表演；为了戒宝玉妄动风月之情，以毒攻毒地为宝玉安排“兼美”训导其体验性爱之乐。小说主人公贾宝玉和林黛玉的前生都在太虚幻境，贾宝玉是神瑛侍者托生，补天顽石幻化的通灵宝玉是他灵魂一样的伴生物，林黛玉则与绛珠草、绛珠仙子同体。这太虚幻境既带有对应小说现实描写层面的预示功能，又体现出曹雪芹审美层面的抒情功能。

人们爱说“梦是个人的神话”。“太虚幻境”曾前后出现在甄士隐和贾宝玉的梦中。于甄士隐而言，太虚幻境是他听到一僧一道关于“还泪”故事的地方。对贾宝玉而言，太虚幻境之梦更是意义重大。太虚是“神仙家形式，杂家内容”，例如“警幻”是佛家用语，“仙姑”乃道家称谓。幻境中有“金女”有“菩提”，此是一道一佛。警幻仙姑受宁荣二公之托对贾宝玉进行的是入世教育，分明实施的是儒家之志趣。

开篇充满象征意味的两个神话和一个仙境设置，与现实世

界衔接自然。《红楼梦》中用的“下凡—归仙”模式，对应着我们民间文学中同样“母题”的丰富传说，看起来荒诞，却不无依凭，读者接受起来亦无障碍。

值得我们注意的是，女娲和警幻仙姑的神话角色，都是仙界的女性领袖。女娲不仅造人，还管修补男人打架捅漏了的天；警幻仙子不仅司人间之风情月债，还要负责规引作为男性继承人的贾宝玉入正。这与曹雪芹作书使闺阁昭传的宗旨极为切合。在小说的现实描写中，贾府的最高领导者是贾母，她作为贾府最高家长，作为贵妇人，作为女主人，作为祖母和母亲，无不体现出权威的女性领袖色彩。如果说大观园是太虚幻境在人间的投影，那么贾府的老祖宗贾母就是大观园的守护大神。

神异预言叙事

我们中华民族文化的神秘性具有普适特征，在文学上表现尤为突出，这种神秘性与艺术中意象思维的诗情画意相融通，自具天然神韵，给读者的感觉甚为绚烂。

《红楼梦》中，时空、梦境、法力、星相谶语、万物通变、感应果报、神秘数字、避讳避祸八种形态无论显隐，多多少少都有所呈现。

第一回和第五回写到的神话故事、石仙对话、僧道神力、梦游太虚，十二钗判词和《红楼梦》仙曲，使小说一开场就带上了浓厚的神异色彩。再如，书中一些关键的节点处，如可卿托梦，魇魔法姐弟遇五鬼，尤三姐梦告，异兆悲音，等等。还写了神仙入世度人，使有仙骨道气的人转变为仙，如甄士隐为

警幻仙姑·红楼梦图咏·清

仙道度化，修炼成人仙，可预知未来，在小说的结尾部分写他与贾雨村的相遇，就鲜明地体现出甄士隐的人仙特性。

表达神秘性最常用的“谶语”，在《红楼梦》中可说已被用到了极致。第五回写到的金陵十二钗册子上的图及判词，红楼梦十二支曲词，都具有预示家族命运与个人归宿的功能，是笼罩全书的神秘暗喻。而第二十二回在回目上更是直接点出了谶语文化，即“制灯谜贾政悲谶语”——制个灯谜都能预示命运。另外，书中人物所作的诗词，不仅符合个人的性格学识，也带有一定的预示色彩，黛玉的《葬花吟》已暗示了其夭亡的结局。第六十三回群芳开夜宴所抽的花名签，第七十回大观园众人所放的风筝，都有预示作用。这些给小说带来了扑朔迷离的神秘感。

看过《聊斋志异》的朋友，往往很喜欢狐狸、青蛙、鱼、树、花变为美女与世间男性恋爱的故事。所谓万物有灵，以灵相交，以情相通，遂生种种变化。这种朦胧神秘，常引发人们无限的遐思。《红楼梦》是世情小说，它除了神话预设中有绛珠草修炼成仙子的情节外，没有动植物成精的描写，但书中有晴雯死后做了芙蓉花神的说法，也有死了一半的海棠花一夜之间不合时节地反季节开放的异兆描写，这些都似在另类演绎着天人感应的现象。

此外，第七十五回“开夜宴异兆发悲音”，写在八月十四夤夜（yín yè，指 21 点至 23 点的深夜）时分会芳园丛绿堂中，贾珍率妻子姬妾猜枚划拳、吹箫唱曲赏月之际，忽听那边墙下有人长叹之声，“恍惚闻得祠堂内槅扇开阖之声。只觉得风气森森，比先更觉凉飒起来，月色惨淡，也不似先明朗。”祠堂传来的长叹悲声正是祠堂中的宁荣二公对子孙不肖、家族气数已尽的悲叹。

中国古代小说中的神秘性还来自避祸、避嫌、避讳等不敢、不便、不能说明的种种原因。贾宝玉的通灵宝玉不知何故就丢失了，而且任人寻之不见，需仙僧仙道送来。至于通灵宝玉是怎么丢如何寻的，都不能相告。巫本是神的意志的传达者，他们的种种技能与天地之神的力量比较起来也只不过是些雕虫小技。补天石经过女娲的煅炼已经具有神性，所以我们看到，通灵宝玉经过仙僧唤醒现出驱灾避邪的功能后，立马就压制了马道婆“魇魔法”的巫蛊之术，治愈了凤姐和宝玉，连宝玉被贾环用灯油烫伤的脸也立现光鲜，一点瘢痕不留。

《红楼梦》对种种神秘现象及其对家族和个人命运的预见性、影响力所做的充分展示，是有意识地对神异力量产生的逻

开夜宴异兆发悲音

辑结果进行夸大和渲染的结果，我们读者不可迷信这些“神秘”，把虚幻当现实，要了解到“神秘性”是作者对现实社会的影射，更是小说创作的一种艺术手法。

大观园的设置

大观园是曹雪芹作为小说家的伟大创造。这个纸上园林，是为小说人物活动特别设计的背景和地点，是作家寄托理想的乌托邦。曹雪芹把他见过的、听过的、书本上看过的，加上他天才的想象，或模拟山水画，或取意田园诗文，或借鉴自然景物，虚实糅合，为我们描绘出了“天上人间诸景备”的园林奇观。我们在小说里逛园、赏园，而真正让我们爱上大观园的，却还是那里的人和发生在那里的事。

大观园院内建筑分群组和个体两类。群组的建筑有游廊与厅堂或楼阁、殿堂连成院落，自成一区，且各有特色，各大主要院落还都近水，离溪、河、池不远。各区的大致轮廓是：五个院落风景区、三个自然风景区和两个庵庙风景区。院落区是小说人物的主要生活场所。两个庵庙区，书中只谈及栊翠庵。三个自然风景区则是贾府上下赏景娱乐的场所。

大观园虽说是纸上园林，给我们的感觉却是实在的，贾母带领众人以玩乐为目的的几番游园，将亭、榭、馆、堂、廊、坞、花架和桥梁及植物风景区的功能与特色，借着他们的足迹与笑声展示给了我们，并且贾母游园的两三回书，写到了大观园秋冬两季的景色，合上贾政勘园和元妃省亲看到的春景，已成三季。

大观园试才题对额

曹雪芹为小说设计大观园这么一个典型环境，为贾宝玉和诸钗建造了一个人间天堂，把女儿们与外面的污浊世界隔绝开来，保护起来，也体现着曹雪芹关于中国园林文化和园居生活的审美寄托。中国古代戏曲和小说，常有设置后花园的套路，所谓“才子佳人相见欢，私定终身后花园，落难公子中状元，奉旨完婚大团圆”，写得很俗气。而曹雪芹打破了这种俗套，在中国古代小说史上建筑了一座文人精雅生活的花园。

这座被黛玉咏作“仙境列红尘”的大观园，满足了她对“真”与“洁”非同寻常的追求。林黛玉是《红楼梦》中最本真的人，潇湘馆有千百竿翠竹，竹之“瘦劲孤高，枝枝傲雪，节节干霄，有似君子豪气凌云，不为俗屈”，正是黛玉性情的写照。大观园成立海棠诗社，每位诗翁都要起个号，探春送黛玉一个别号——“潇湘妃子”，这个号后边有个凄楚的古老传说，是舜帝两个妃子娥皇女英泪洒斑竹的故事。这预示着最后黛玉的结局是为宝玉泪尽而亡，与作者用“还泪”神话预设的结局相呼应。

薛宝钗的蘅芜苑，院里不栽花，只有大小石头和各色异草，就如它的主人一样不爱花儿粉儿的。然而那里的异草，牵藤引蔓，或垂山巅，或穿石隙，或如翠带飘飘，或如金绳盘屈，或实若丹砂，或花如金桂。秋季的一天，贾母一行人进了蘅芜苑，只觉异香扑鼻。那些奇草仙藤愈冷愈苍翠，都结了实，似珊瑚豆子一般。奇香的攀缘植物，不惧冷，又都依附山石，象征着薛宝钗性格中坚韧与依附的某些侧面。及进了房屋，雪洞一般，一色玩器全无，案上只插着数枝菊花，并两部书，茶奁茶杯而已。室内“雪洞一般”的素淡，也指向“金簪雪里埋”的凄凉与孤寂。

薛宝钗本吃着“冷香丸”，又住在香草之苑中，然她却“香浓色淡”，性格中有“冷”，稳重和平，坚韧不拔。蘅芜苑之“蘅芜”，可视作杜衡和蘼芜的合称。攀缘植物，柔软蔓生，依附他物，用这个来解释她希望“好风凭借力，送我上青云”的欲求，也是可以说得通的。蘼芜在古典诗歌中还常用以喻指弃妇。故事最后，宝钗被家长安排嫁给了爱着黛玉的贾宝玉，终至被弃，落得悲剧的结局。

宝玉的怡红院是大观园的一园之首，院里植物的主要色调是红绿相映，重心却是耀眼的女儿棠。全书女儿们最高潮的欢乐就发生在这里，“寿怡红群芳开夜宴”所渲染的快乐情绪，是自由意志和开怀畅笑的完美体现。“怡红”从字面上解释，就是使女孩们快乐，这是怡红公子贾宝玉唯一愿意上心忙乎的事。

秋爽斋偶结海棠社

可以说，大观园是作者特别为贾宝玉“私人订制”的人间仙境。他第一次看见大观楼时曾疑惑在哪里见过，这是作者在有意识地提醒读者，将大观园与宝玉梦中的太虚幻境加以关联。

与此同时，大观园也在贾宝玉和姐妹的喜怒哀乐中，由兴而盛而衰。

第二十三回，奉元妃之命，宝玉同众姐妹搬进大观园，“每日只和姊妹丫头们一处，或读书，或写字，或弹琴下棋，作画吟诗，以至描鸾刺凤，斗草簪花，低吟悄唱，拆字猜枚，无所不至，倒也十分快乐。”大观园的住客们自是心满意足。

第四十九回“琉璃世界白雪红梅　脂粉香娃割腥啖膻”，一场大雪给大观园带来了前所未有的蓬勃朝气。不仅大观园的住客，连薛宝琴、邢岫烟、李纹、李绮这些“陪客”也备感快乐。然而，这是众女儿最后的盛宴。

在第五十九回“柳叶渚边嗔莺咤燕　绛云轩里召将飞符”、第六十回“茉莉粉替去蔷薇硝　玫瑰露引来茯苓霜”、第六十一回“投鼠忌器宝玉瞒赃　判冤决狱平儿行权”，这么三回书里，多重矛盾大爆发——主子与奴才、长房与二房，房头不同形成的山头，嫡庶的，承包带来的利益不均，婆子与丫头，丫头之间……大观园成了打人骂架的大杂院。

到了第七十三回“痴丫头误拾绣春囊”和第七十四回“惑奸谗抄检大观园”，大观园作为人间乐园的理想彻底破灭。后来，女儿们嫁的嫁、走的走、散的散、死的死，终至衰草枯杨，陋室空堂，蛛丝儿结满雕梁，大观园成了人人不敢踏足的废园，把曾经的人间乐园留给了野禽和鬼魂。

大观园作为曹雪芹设计的乌托邦，寄托着他对真善美的理想追求。但这个理想世界自其建设之始，就与现实世界分不开。干净的大观园本就建筑在肮脏的会芳园之上，大观园的败落是必然的，即便没有王夫人的抄检和打压，大观园的女儿们终究是要长大的。自然力如此，非人力可为。所以，理想世界只在太虚幻境之中，大观园再繁盛，也只是太虚幻境在人间的投影，而影子需要依附，终难久存。

齡官畫薔
忽聞花外發哀音知是何人帶淚吟身隔雲霞難識面眼隨波磔亦關心畫成依舊文無異事若書空悟轉深急雨飞來渾不覺相呼始訝吾霑襟
汾上彭連熙為紅樓金釵造像

彭连熙　绘

五

评一评思想立意

社会批判

金陵贾、史、王、薛四大家族的“联络有亲”，其实是官与官的联盟。葫芦庵小沙弥出身的门子拿出的护官符，一方面暴露了官场的官官相护，另一方面揭示了老百姓被剥夺被压迫的现实。《红楼梦》通过对荣宁二府和其他社会关系的描写，揭露了统治阶层的贪污受贿，欺压平民乃至无视王法，杀人不偿命。小说对那个社会的官僚制度、婚姻制度、家庭制度、奴婢制度和封建道德伦理观念的不合理、虚伪乃至残酷，都做出了艺术性的否定。

贾雨村复职后办的第一案，就是薛蟠为争买一婢打死冯渊的案子。两家争买的女子正是甄士隐的女儿英莲，这贾雨村为了讨好倚财仗势的薛家及其姻亲贾府和王府，不顾法律，也不顾甄士隐对他的恩德和他对甄家娘子说的帮她找回女儿的承诺，乱判了葫芦案。打死人的薛蟠没事人一样自走他的路，之后薛家族人帮他花了“几个臭钱”就摆平了丧家。

贾赦为了得到石呆子的几把古扇，请托利诱诸法不灵，贾雨村则“设了个法子，讹他拖欠官银子，拿他到衙门里去，说所欠官银，变卖家产赔补外，把扇子抄了来”。贾赦得了扇子还夸贾雨村有能耐，贾琏对此不以为然，被其父暴打了一顿。贾赦是荣国公本代的继承人，现袭着爵的，却强取豪夺，弄得人家家破人亡还扬扬得意，无法无天竟至于此。

王熙凤是个家庭主妇，但她竟敢去包揽词讼。她伪托贾琏致书云光节度使，就能逼迫周守备退亲，致使张家女儿自缢，周家儿子投河。她这样横加干涉不为别的，不过是逞能，赚那三千两银子的好处费而已。王熙凤对法律的无视还表现在放高利贷上，清朝法律明令不能高利盘剥。她根本不管或不知，对金钱的贪婪到了无孔不钻的地步，只拿家下人的月钱放出去一项，一年就有上千银子的利钱。贾府被抄家，王熙凤的体己就不下七八万金，不知这里面有多少是非法所得。

第八十八回写贾政不能管束下属，“贾政自从工部掌印，家人中尽有发财的”。第九十九回，贾政做漕务官，李十儿“自己做起威福，勾连内外一气地哄着贾政办事”，连幕僚都看不下去了。无能如贾政这般的，竟然还步步高升，官僚制度的弊端可见一斑。

在情的层面上，《红楼梦》则在暴露和斥责中，对男性中心的逻辑立论进行了批判。

小说从焦大的醉骂中谴责宁府的淫乱，又将尤二姐尤三姐引入贾府的男性视野之中，揭示贾珍贾蓉父子聚麀的道德沦丧。荣府中，贾政无能，贾赦袭着爵却不好生做官，每日里带着小老婆们享乐，小说借助“鸳鸯抗婚”来揭示老色鬼贾赦的荒淫和邢夫人的无能，又从贾母劝慰凤姐别拿贾琏睡仆妇的事当回事，来暗写贾府男性的无耻成性。

《红楼梦》关于主奴关系和奴仆世界的描写，其广度和深度，在小说史上是前所未有的。包括大小丫鬟和小厮的童奴则是这一部分题材的中心和重点。作者以深刻博大的人文关怀高度关注童奴命运，这个方面已经触及清朝童奴制度这样一个严重的存在，是蓄意要将“真事隐”去的曹雪芹，对他那个时代的大胆揭露和批判。

我们只要留心就能看到，作者无论对童奴群体或个体，都有意提供明确的年岁信息。晴雯十岁被赖嬷嬷送给贾母，十六岁被摧残至死；雪雁十岁随黛玉进贾府。袭人曾对宝玉说：“自我从小儿来了，跟着老太太，先伏侍了史大姑娘几年，如今又伏侍了你几年”。第四十六回鸳鸯对平儿说：“袭人、琥珀、素云、紫鹃、彩霞、玉钏儿、麝月、翠墨、跟了史姑娘去的翠

受私贿老官翻案牍

缕，死了的可人和金钏，去了的茜雪，连上你我，这十来个人，从小儿什么话不说。”小说中不时地会出现“未留头的小丫头”“才总角的小厮”的字样，为了元妃省亲贾府还买来的十二个小女伶，十二个小和尚和十二个小尼姑，清虚观的小道士等等。我们看到，这些童奴在贾府奴仆群中渐趋长大，其童真却渐渐变形，童趣遭到败坏，童心被扭曲。茗烟小小年纪就会跟卍儿偷情，宝玉撞见了也不以为意。红玉偶然给宝玉倒了一次茶，便受到大丫鬟秋纹碧痕的责骂羞辱；袭人为了讨王夫人欢心，不惜告黑状，出卖同伴，把童心完全异化成奴性。大观园里，老妈子与小丫头之间冲突频起，都把对方当作欺侮对象。而这些老妈子多是被时间和能力边缘化的昔日童奴。“几辈子的老脸”说起来是资格，其实是家奴的根子。“家生子”就是奴才生下的小奴才，如果主子不开恩放出去，其奴籍永不得解脱，他（她）的子孙依然还是奴才。他们婚姻不能自主，终身都得靠主子“恩典”。

俏丫鬟抱屈夭风流

《红楼梦》时代，等级制度及其观念依然是一个冷酷的现实存在，对如何真正实现人的自由和平等，曹雪芹给予了认真思考和积极探索。他一边书写着金钏、司棋们不接受被撵的现实，不情愿离开贾府，一边又借怡红院的丫头小燕之口快乐地感念宝玉的承诺，“将来这屋里的人，无论家里外头的，全放出去，与本人父母自便”，宝玉的这种解放奴婢的想法，即使还只是一种打算，也已是振聋发聩的誓言，在那个时代已然非常了不起。对童奴生活描写得越多样越纠结，《红楼梦》对这一现象的揭示和批判也就越深刻。

人生思考

在《红楼梦》里，曹雪芹全力关注的其实是他对人类情感和生命体验复杂性的深层思考。他借空空道人抄书回来后的四句话：“因空见色，由色生情，传情入色，自色悟空”（大意是：由幻灭才想见往日的繁华，从想象繁华而产生激情，再把激情传入“备记风月繁华之盛”的小说之中，从记述风月繁华中悟到人生终究是一场梦）。简略概述了创作的心理历程，也是在提醒读者读书悟道，要去思索人生。

小说原名叫《石头记》，是通了灵性的石头下凡和回归的过程记录。他去人间走一趟的目的就是去富贵场、温柔乡享受的，是欲望驱使。这石头被女娲弃而不用，先是悲鸣自己的不平遭际，后来放弃了补天的抱负而追求等而下的肉体享受，结果依然落了个“到头一梦，万境归空”。

整个小说的悲剧基调定于第五回，贾宝玉梦游太虚幻境，看《金陵十二钗》图册题咏、听《红楼梦》曲，其内容都在预言大观园女儿的悲剧人生和贾府的败落结局，然而懵懂无知的贾宝玉混沌一片，不能领悟，正如我们的人生，也如宝玉一般是在懵懂中开始的。

可卿丧仪和元妃省亲，是《红楼梦》中极尽笔意描写的两个盛大场面，细节的真实和寓意的深刻令读者难以忘怀。第十三回，重笔渲染秦可卿丧仪，极写丧仪的华盛和吊祭的热闹，为的是彰显贾府的富贵与靡费，而宁府的家政混乱与贾珍的不堪，正表明极盛光照之下，贾府这个家族大厦已经暴露出了影响其稳固的裂缝。第十七回、十八回浓笔重彩描写了元妃省亲，然而华彩辉煌中透露出来的，却是皇帝的贵妃面对爹娘的哀哀悲鸣。这两个大场景告诉我们，哀荣与圣宠都是虚热闹，都是可悲的，曹雪芹对人生的精辟剖析，尽在其中。

小说主人公贾宝玉是曹雪芹借以表达自己对人生思考而着力塑造的人物。曹雪芹通过记述宝玉人生的几个生长阶段，来传达着自己的人生思考。

《红楼梦》是“大旨谈情”之书。其所涉之“情”，从对人类的终极关怀到对无生命之物的自然体贴，无所不及。贾宝玉的成长固然离不开贾府上下特别是祖母和母亲乃至姐妹的爱，而使他进入思考层面的却是他身边一个个离他而去的生命。秦可卿、金钏、晴雯、林黛玉对贾宝玉情感生活都有影响，特别是她们的死对他的冲击是任何书本知识都无法替代的。贾宝玉看到了人类生命的脆弱，所以他不惧死，“向死而生”的思想使得他经常把死后化灰化烟挂在嘴上。也正是看到了死，他比较重视生，认为“众生平等”，尊重所有生命。他对丫鬟仆人

秦可卿

从不苛刻，尊重他们的人格、权利。他看到花落就难过，会由花落想到红颜的枯槁。宝玉曾经奢望人人都爱他，希望大家的眼泪都来葬他。然而，他充满智慧、善于体悟，第三十六回“识分定情悟梨香院”，让宝玉悟出“各人各得眼泪”“人生情缘，各有分定”的道理。第五十八回“杏子阴假凤泣虚凰”，宝玉从家伶藕官对死了的药官的祭奠和对蕊官的珍惜中懂得了这样一个道理：“只要不把死的丢过不提，便是情深意重了，不必孤守一世，妨了大节。”贾宝玉是情痴情种，但他常常为情之不能如愿而害病，有时会丢了魂魄一样变傻变呆。这是曹雪芹对“天若有情天亦老”的一种另类叙写，也是他对人类情感之于人生意义的思考。

宝玉面对烦恼和痛苦往往又会在道家与佛家的启悟中去寻求解脱。如在第二十二回中听曲文悟禅机，《寄生草》中“赤条条来去无牵挂”等几句曲文，能让他向往那“肆行无碍凭来去”的解脱。贾宝玉是一个毫无世俗进取心的敏感少年，他从爱和诗、人生体验与戏曲体悟中去寻求生命的意义。他所追求的是一种博爱的人文精神，一种不忘初心的自由天地，一种和平、公正、富强的社会理想。他热爱女儿而厌恶男人，反对“文死谏、武死战”的愚顽不灵，甚至因不愿成为官场上的“禄蠹”而不读所谓“正经书”，都是他对异化成家国机器的一种规避。他崇尚自然，反对造作，在他眼中，男人的混浊就是社会污染的结果，他拒绝成为贾雨村那样的官僚，却因此被视为没有家庭担当的不肖子孙。

贾宝玉喜聚不喜散，他最强烈的一次表现，是第五十七回“慧紫鹃情辞试忙玉”。听说黛玉要回苏州，宝玉“眼也直了，手脚也冷了，话也不说了”“已死了大半个了”，他以生命的存亡诠释了对人生离散的拒绝。曹雪芹之所以将宝玉写成有些痴病的样子，就是要借由这个形象来抒发他对聚散离合的理解，而对怡红院一主众婢日常生活的书写也早已融入了曹雪芹的思考，凸显其“人生不如意十之八九”的人生感悟。

曹雪芹还设计了宝钗和黛玉这样两位个性迥异的人物。这二人之间的疏离、对立、友爱，既是两个人、两种性格之间的纠葛，又像是一个人内心世界的两种心理重叠、分裂及冲突的写照。作者甚至会创造出一个兼具两人之美的“兼美”，让她生活在太虚幻境之中，宝玉曾梦游太虚，在幻境中与兼美结婚做了夫妻。曹雪芹这样写，其实并不是我们俗话里说的“想得美”，而是他表达自己对人生思考的一种方式。宝钗“随分从时”很会做人，黛玉“目无下尘”较为随性，一个是文化理想的化身，一个是情发自然的真人，贾宝玉高出常人，他在博爱众生的同时认定了黛玉，而我们读者在面对钗黛时，常常会陷入选择的困惑。王熙凤聪明能干，抓尖儿要强，但她欲壑难填，又无生活的大智慧，终至于“反算了卿卿性命”。这些人物的人生，都是曹雪芹留给我们的思考题。

抒发心志

曹雪芹根据他的生活和审美体验，加上观察和想象，创造了一个钟鸣鼎食之家由盛到衰，最后覆灭的悲剧故事。《红楼梦》不仅寄托了他对自己家族败落的追忆与反思，更蕴含着他对整个人类生存意义的追问。

《红楼梦》中的思想有不少是直接说出来的，比如：第一回中的开场白，顽石神话，绛珠还泪神话，《好了歌》及其解说，一僧一道的对话；第二回中的冷子兴演说；第五回太虚幻境里的十二钗判词，十二支《红楼梦》曲，警幻仙姑的谈话；第七十八回宝玉所作《姽婳词》和《芙蓉女儿诔》，等等。曹雪芹改用女娲补天的故事为《红楼梦》做铺垫，言明了他撰书作为自己“立言”的意图。女娲是为补天才炼石的，可以说补天是顽石材尽其用的最大愿望，也是其价值实现的最高目标。但女娲独独舍弃了一块，这块未得补天的顽石可以看作是曹雪芹的自喻。女娲弃石，说明没来由的不公平竟是从开天辟地开始就存在的。对“无材可去补苍天”这句话的理解，我们不应看成是字面意思的自谦，而当看作是曹雪芹自负有才，却又不得其用的哀叹。

作者借助宝玉这样一位贯穿全书的主人公，来发表自己对伦理和政治的看法，是既便捷又直接的。如第三十六回，写宝玉反感宝钗等劝导他用心于仕途经济，极端地认为除“四书”外“竟将别的书焚了”得好，这些所谓别的书，大约是指沽名钓誉者替圣人“立言竖辞”的一些讲章书。也是在这一回，袭人告诉宝玉，她已归在王夫人名下，以后要走连他都不必告诉了。宝玉说这是“无情无义的生分话”，两人还聊到了“死”，聊到了“大丈夫死名死节”，即人臣对君国的效忠，强调“圣”与“仁”，要“知大义”。这样从私人的情义谈到个人对君国的政治社会伦理关系，可见曹雪芹关切的是整个人生的问题。

曹雪芹对男尊女卑思想的否定，对众生平等理想境界的追求，都是通过贾宝玉的言行来表达的。再就是林黛玉身上与生

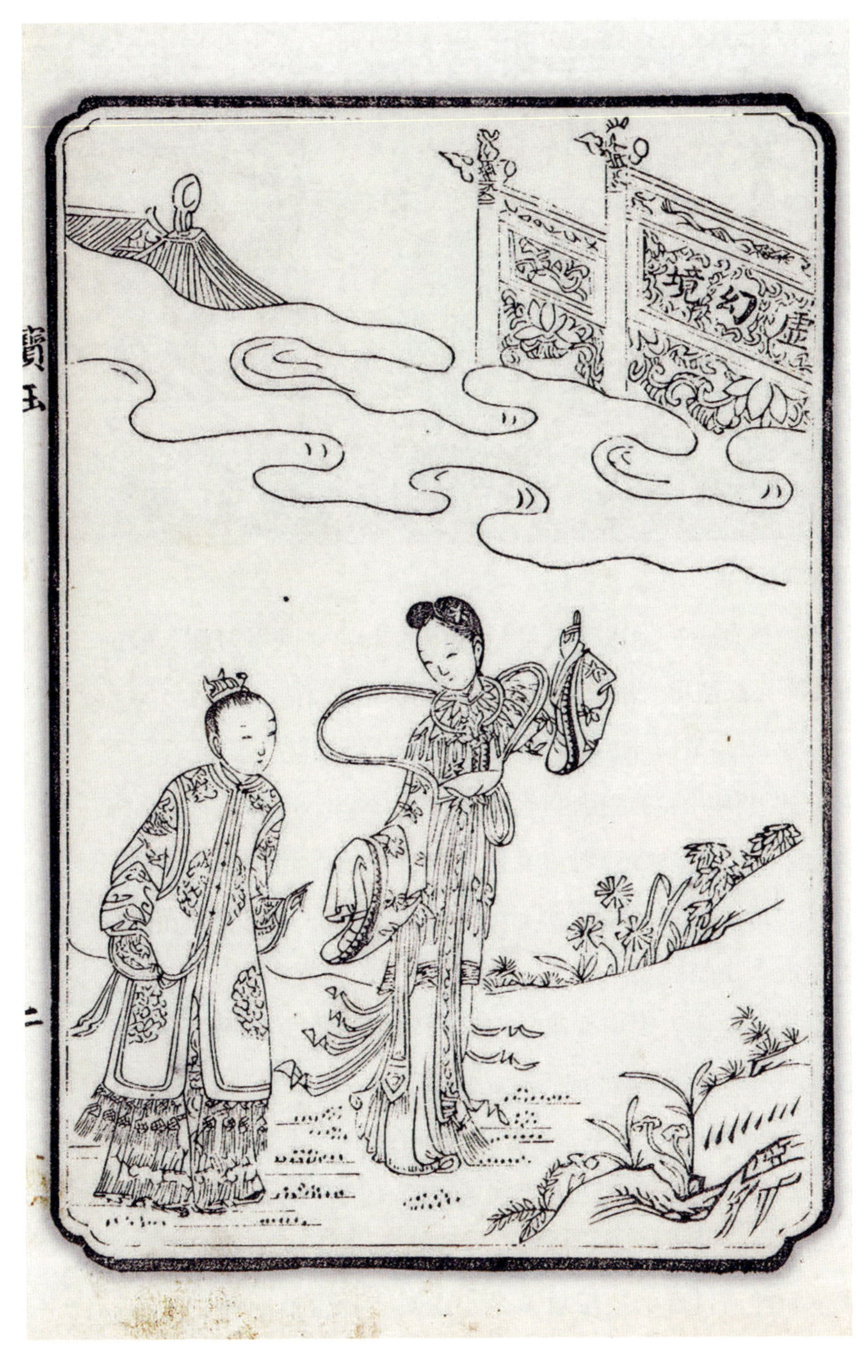

游太虚幻境·新镌全部绣像红楼梦·清

慧紫鹃情辞试忙玉

俱来的忧患意识，她以诗人的敏感体味出的“风霜刀剑”般的人间凄凉，都能折射出曹雪芹对人生的深邃思索。

又比如，第三十六回“识分定情悟梨香院”，可看作写“情”的显例。宝玉跑到梨香院找家班中唱小旦的龄官央她唱一段，遭到拒绝和嫌弃，他又目睹了龄官向情人贾蔷撒娇、哭闹、使性子，并认出龄官就是“那日蔷薇花下画‘蔷’字”的女孩儿，由此深悟人生情缘各有分定，所谓“个人各得眼泪”。

整部小说还表现出曹雪芹对“命定”的抗争。顽石不堪补天之用，一僧一道把它变成美玉，由神瑛侍者携带来到红尘之中，经历一番富贵温柔的人生，但它早已知道“美中不足、好事多磨”的命定，在宝玉被魇魔法谋害，通灵宝玉丢失时，一僧一道总能适时出现，前来解难，这不免象征着与命定不停歇的纠缠；绛珠草和神瑛侍者的还泪故事是小说对宝黛爱情的预设，但宝玉在梦中喊骂“和尚道士的话信不得”，拒绝金玉姻缘，坚持要木石前盟，用争取爱情自由的痴情对分定进行着抗议。

中国人一向认为“石能言”，此典出自《左传》，曹雪芹借“顽石”（《石头记》）发言来表达自己对人生、对社会的深刻思考。在第一回“作者自云”中再三自责说自己“一事无成”“一技无成”“下笔无文”，其实这些都是谦辞，曹雪芹自信，其呕心沥血“批阅十载、增删五次”创作的这部《红楼梦》，在思想性和艺术性方面绝非凡品，所以他呼喊知音难觅，“谁解其中味”。如果我们在阅读过程中，更多地留心作者讲故事的方式方法和那些重要人物的语言行动，应该多少能解得一些个中滋味。

青埂峰下补天石・新镌全部绣像红楼梦・清

彭连熙　绘

六

聊一聊历史风俗

史实与制度

《红楼梦》取材于清初顺治、康熙、雍正三朝，成书于乾隆前期。小说虽强调将真事隐去，但却不可能脱却干净。清初这几个朝代的大事及体制或明或暗地在小说中都有所反映。

《红楼梦》成书时清朝大约定鼎百年，贾家恰成“百年旺族”

我们知道，1644年清兵打入北京建立政权，曹家祖先就是跟随了这个政权由山海关外打进北京城的，到曹雪芹撰写《红楼梦》之时，大约历时百年，这个时间段也恰是曹家兴盛的百年。《红楼梦》第五回里，贾府的宁荣二公之灵拜托警幻仙姑规引宝玉入正时说：“吾家自国朝定鼎以来，功名奕世，富贵流传，虽历百年……”“百年旺族”的贾家，第一代宁国公和荣国公是靠军功挣得公爵封位的，宁府老家人焦大口中的“你祖宗九死一生挣下这家业”，就是说的这个历史。这个焦大“从小跟着太爷出过三四回兵，从死人堆里把太爷背了出来，得了命自己挨着饿，却偷了东西给太爷吃，两日没喝水，得了半碗水给太爷喝，他自己喝马尿”，可谓贾府创业历程的见证人。

文字狱严重，作者妙笔避祸，巧妙写实

在《红楼梦》中，曹雪芹会有意回避关涉朝政或制度的描写，但有时也稍露痕迹，即“不写之写”，这是艺术手法，也是对社会的巧妙写实。

清朝的文字狱始于顺治五年（1648），乾隆前期文字狱十分厉害，其中乾隆二十年就有三起，乾隆二十六年有五起。曹雪芹生活在这个时期，创作大部头的世情小说自然得十分小心，所以小说开篇曹雪芹即申明“无朝代年纪可考”“并无大贤大忠理朝廷治风俗的善政”。小说中的官制也是“半有半无，半古半今”，尽量回避前朝及本朝之事。凡例中反复强调“不敢干涉朝廷。凡有不得不用朝政者，只略用一笔带过，盖实不敢以写儿女之笔墨唐突朝廷之上也”。

宴宁府姊弟闻醉骂

对康熙南巡事的暗写

为了视察河务与漕运、督察臣工，也借机宣扬皇威、省耕问俗与游览山水，康熙帝从康熙二十三年（1684）到四十六年（1707）曾六下江南。《红楼梦》对此当然不敢直写，而是借元妃省亲影写此事。

第十六回“贾元春才选凤藻宫”，说起准备接元妃省亲，凤姐和老嬷嬷有一番对话，信息量很大：

> 凤姐：“若早生二三十年……说起当年太祖皇帝仿舜巡的故事，比一部书还热闹……”
>
> 赵嬷嬷：“咱们贾府正在姑苏扬州一带监造海舫，修理海塘，只预备接驾一次，把银子都花的淌海水似的！说起来……”
>
> 凤姐：“我们王府也预备过一次。那时我爷爷单管各国进贡朝贺的事，凡有的外国人来，都是我们家养活。粤、闽、滇、浙所有的洋船货物都是我们家的。”

借省亲写康熙帝南巡事，由家下老嬷嬷之口说出接驾乃“虚热闹”。事实上，曹雪芹祖父曹寅在世时曾接驾四次，小说中借江南甄家接驾四次予以影射。曹家恰因接驾花钱如“淌海水似的”落下亏空，后被雍正抄家。这是曹雪芹永远的不平与痛。他那么不想写实，也还是忍不住进行了影写。

曹雪芹的江南情结

《红楼梦》写的是北京城里的贾府，但是从建筑园林到食物植物，无不充满了江南气息。贾府的亲戚一批批地从江南过来，

康熙南巡图卷·清　　王翚等　绘

薛蟠外出做生意去的也是江南，回来还特意一箱箱地带江南土产回京，这可以看成是曹雪芹在秦淮旧梦中忆繁华，是作者江南情结挥之不去的缘故。要知道富裕的江南人杰地灵，没有江南文化的熏陶，曹雪芹是写不出《红楼梦》的。

对清初圈地的隐写

第五十三回，黑山村的门下庄头乌进孝给宁府送租银，贾珍嫌少，说是“一共只剩下八九个庄子”，乌进孝说他兄弟“现管着那府里八处庄地，比爷这边多着几倍，今年也只这些东西”，等等，这些描写直接关涉着清初的“圈地”。这里所说的庄子，是一个自然村的所有土地、所有村民，都属于一姓一府私有，由主人指派一个庄头负责管理。村民都是佃户，向庄头缴纳租金租粮，由庄头收了一总送给主家。这种“庄子”形同领地，是通过政治关系获取的，“圈地”使用的是暴力，要好地，而且要路近的，无论有主无主，圈了就是政府的，范围包括山海

见土物思乡情

关内外、居庸关内外，南到德州，圈的地强占了再赏给王公贵族。

圈地庄子是“旗田”，不准典卖给汉人。因满人是渔猎民族不习耕作，到了曹雪芹的《红楼梦》时代，不少败落的旗人已经把庄子典卖了出去，贾珍嘴里能说出“一共只剩下八九个庄子”，说明之前宁府的庄子远远多于这个数。

皇家制度

荣府大小姐元春“晋封为凤藻宫尚书，加封贤德妃”。这“凤藻宫尚书”，在清代并没有类似的封号，是曹雪芹效法古制想象出来的。

封建社会实行一夫多妻制，皇帝更是广纳嫔妃。清代统治者在关外时宫闱无制度，后、妃的名称还没有，满语称作“福晋”“侧福晋”，康熙后才有明确规定：皇后、皇贵妃各一，贵妃二，妃四，嫔六，贵人、常在、答应无定数。

元春受封“贤德妃”，是妃的哪个等级，在封号上看不出来，小说的叙述语言一般称“贾妃”“元妃”，但人物话语中则称“贵妃”。我们来看看元妃省亲的仪仗队：

> 一对对龙旌凤翣，雉羽夔头，又有销金提炉焚着御香；然后一把曲柄七凤黄金伞过来，便是冠袍带履。又有值事太监捧着香珠、绣帕、漱盂、拂尘等类。一队队过完，后面方是八个太监抬着一顶金顶金黄绣凤版舆，缓缓行来。

“曲柄七凤黄金伞”正是贵妃仪仗所用，乾隆十四年（1749）才将贵妃仪仗中的“红曲柄七凤伞”改作“黄金七凤曲柄伞”的。

元妃省亲

这也可以用来证明《红楼梦》的成书在乾隆十四年之后。

第四回交代薛宝钗进京的缘故时写道："近因今上崇诗尚礼，征采才能，降不世出之隆恩，除聘选妃嫔外，凡仕宦名家之女，皆亲名达部，以备选为公主郡主入学陪侍，充为才人赞善之职。"通俗些说，宝钗是进京待选的。"亲名达部"是将三代（曾祖父母、祖父母、父母）姓名报到京中部里，以备选择。因薛家是皇商，在户部挂名的，宝钗的名就要报到户部去。清代是在皇太极天聪五年（1631）仿效明朝体制设立的六部，即中央行政机构中直接对皇帝负责的吏部、户部、礼部、兵部、刑部及工部。

封爵、做官的途径

清代封爵和做官的途径有严格的制度，基本可分为六种，在《红楼梦》中这些基本都写到了。

贾宝玉王府贺寿

1. 与皇帝有宗族或亲戚关系的王公贵戚，按功劳大小封爵、封官。

2. 打仗立功的，以军功受爵。贾府由军功受封的是荣国公和宁国公，是“公、侯、伯、子、男”五等中的第一等。

3. 因祖宗的功荣、官位享受世袭。世袭中分“世袭罔替”和“递减等级”。“世袭罔替”是后代仍享受同样的爵位。第十四回中写到的未及弱冠的水溶袭的是北静王，“当日惟北静王功最高，及今子孙犹袭王爵”。“递减等级”的，如宁府贾珍世袭三品爵威烈将军；荣府袭到贾赦是一等将军。有了爵位也不一定有官职。水溶、贾赦、贾珍都无官职。

4. 科举考试出身，秀才、举人、进士，逐级考上去。考中后国家分配官职，这种叫作“正途出身”，在社会上很被看重。林黛玉的祖父袭过列侯，到了林如海已经没有爵位可袭，他参加科举考试，是前科的探花，升兰台寺大夫，钦点巡盐御史。贾政本也想走这条路的，因皇帝开恩，另赏了他，所以他算是沾了父祖辈的光，这样当上官属于荫官，也是一种得到官职的途径。

5. 捐班，通过向国家交纳一笔钱，捐个头衔或实官。小说中贾琏捐了个同知头衔，贾蓉捐了个龙禁尉，荣府大管家赖大的儿子赖尚荣则捐了个知县。

6. 由大官或有权势的人保举。贾雨村丢官后，得知朝廷给了起复的机会后，便求林如海帮忙，托贾政保举，“补授了金陵应天府”。

社会生活环境

本节我们来勘察《红楼梦》真实叙写的社会生活。

贾家因为是皇亲国戚，便跟皇宫有了关系。在常人的认知中，家里出了个贵妃还不鸡犬升天吗？就如乌进孝说的：“那

贾元春才选凤藻宫

府里如今添了事，有去有来，娘娘和万岁爷岂不赏的！”而实际上，按时到节，娘娘那边不过赏些彩缎古董玩意儿，纵赏银子，不过一百两金子，才值千两银子，倒是宫里的太监想着法子过府来讹钱，一年得多赔几千银子进去，贾蓉说怕是再一回省亲，就精穷了。

贾府是贵胄，虽说内囊尽上来了，但贵族的架子尚有，然而贾府中，时不时会提及典当的事。第九回顽童闹学堂，茗烟骂金荣“你那姑妈只会打旋磨儿，给我们琏二奶奶跪着借当头”。“借当头”，是说家里比较穷，没有值钱的东西可以抵押给当铺，一时又急着用钱，还没法直接开口借，就假装有特殊应酬，跟有钱的亲朋借件好衣服、好首饰的，拿来送到当铺里去当，等有指望的入项到了手，再赎回来还人家。这种情况在北京（尤其是官场生活中）很普遍。如果自己家里有当头自然不必跟人借，拿去当了可以解燃眉之急。

贾雨村荣任应天府

小说中还写过一次借当，是贾琏跟鸳鸯借了老太太一箱子的金银家伙押千数两银子应急。这次借当，拉拉杂杂在好几回书中写到。第五十三回，贾蓉向贾珍说“前儿我听见凤姑娘和鸳鸯悄悄商议要偷出老太太的东西去当银子呢”；第七十二回就实写了贾琏央求鸳鸯借当，并保证半年内赎了交还，断不能叫她落不是。同回书还插写了一个“当”事，夏太监买房子，打发小太监来向贾琏“借”二百两银子，贾琏躲了，凤姐现场交代平儿拿了两个金项圈押了四百两银子来应付。第七十四回贾琏跟凤姐抱怨继母邢夫人“又生事”，说她怎么知道了他和鸳鸯借当的事，如今借口过八月十五用银子要讹他二百两。

薛家是皇商，还兼做其他生意，书中直写的是开当铺，说其在南边有“公分当铺”，在京里也有几家当铺，大观园那次螃蟹宴所用的螃蟹，就是薛家当铺里的伙计家田上出的。第五十七回，围绕邢岫烟的当票还写了一段故事，邢岫烟的棉衣就当在薛家开在鼓楼西大街上的“恒舒典”。

因为是皇亲国戚，又有国公之荫，贾府在外边风光了得，其第五代孙媳妇秦可卿的丧仪就曾惊动过京城，京中的王公大臣纷纷前来吊祭。其场面壮观至极：送殡时“八公”俱到，诸王孙公子不可枚数。堂客所乘连家下大小轿车辆不下百余乘。连前面各色执事、陈设、百耍，浩浩荡荡，一带摆三四里远。路旁彩棚高搭。设席张筵，和音奏乐，俱是各家路祭。铁槛寺众僧则法鼓金铙、幢幡宝盖地迎出接灵。入寺后还要演佛事、设香坛。文中特交代铁槛寺原是宁荣二公当日修造，现今还有香火地亩布施，以备京中老了人口在此寄放，等方便时再送回南方归葬祖茔。

宁国府可卿出殡

贾府的辉煌有元妃省亲，贾府的败落有锦衣卫查抄。红楼时间跨度实写的不过是贾宝玉从出生到出家的十九年，而这十九年，正是贾府从鼎盛走向衰败的时限。它的衰败有“运终数尽”子孙无可继业者的无奈，更有其不自修福不可活的必然。曹雪芹在为这样的贵族之家献上挽歌的同时，也为我们真实而生动地描绘了清朝早中期统治阶级中享有政治、经济特权的世家大族的生活。

贾府的衣食住行享受着那个时代最高水准的物质文明，待人接物则遵循着一套有传统的规矩礼仪。另外，小说中曹雪芹通过塑造刘姥姥这个角色，一定程度上反映了当时平民的社会生活。

刘姥姥进大观园，一般读者只看到了热闹和好玩。但我们在得到娱乐的同时，还可以静下心来，看看她带给我们那些映射社会生活的资讯。

刘姥姥是一个中农人家，但“秋尽冬初，天气冷将上来，家中冬事未办”，这样的人家刚过了收获的秋季就开始犯难，甚至连饭也吃不上了，一般贫苦农家就可想而知了。联想到乌进孝说到的涝灾和冰雹，“方近一千三百里地，连人带房并牲口粮食，打伤了上千上万的”，农民在灾年自是更加凄惨。刘姥姥二进荣国府有幸跟着老太太饱了眼福、口福，当得知一顿螃蟹宴要二十多两银子，她感慨“够庄家人过一年”的。贫困的市民也只好卖儿卖女，袭人就是因为家里没饭吃被卖给贾府为奴的。宝玉给秦可卿送殡途中看到的以二丫头为代表的村姑生活，虽然要纺织要带弟弟，比起被卖已经算是很不错的了。

荣宁二府是皇亲贵族，也是庄园主，乌进孝掌管着宁府的八九个庄子，其弟管着荣府的八处庄子，这还不包括东省的那些屯地。小说中对乌进孝交租的描写生动地反映了荣宁二府的经济状况，可谓清代中叶八旗庄园的写照。第一回写到的甄士隐，在遭灾前也是靠地租为生的地主，他把地租给农民，自己住在苏州城里，每日观花种竹、酌酒吟诗为乐。对照刘姥姥一家的无以为生，可以想见当时土地兼并的严重和阶级的分化。

乌进孝所交地租有“外卖粱谷牲口各项，折银二千五百两”，再看第八十八回，管家周瑞对贾珍说“奴才在这里经管地租庄子，银钱收入，每年也有三五十万往来”，这些都说明当时地租已有不少是出卖了农产品换成货币来完纳的，货币地租的逐渐流行说明了农产商品化程度的提高。

第七十九回说到“桂花夏家”“非常富贵，其余田地不用说，单有几十顷地独种桂花，凡这长安城里城外桂花局俱是她家的，连宫里一应陈设盆景亦是她家贡奉”。这就反映了一个事实，即大地主已经把部分土地用于商业性的园艺业。其实在明代天启年间，北京市郊已有专门“以种花为业”的农户。到了清代，丰台一带的村子已经变成种植花草的区域，据说光是卖出去的芍药一年就有一万多茎。这些足见商品生产在社会生活中所处的重要地位。

小说中写到的贾史王薛四大家族，薛家是皇商，领着内帑钱粮，采办杂料，各省中都设有买卖承局。薛家还做其他买卖，王夫人缺人参，宝钗就说让她哥哥去自家铺子里取，以免外购上当。薛家还开有当铺，后来嫁给薛蝌的邢岫烟就曾把冬衣当在薛家当铺，宝钗开玩笑说人还没过来衣裳倒先到了。

那个时代，外贸已经成规模。小说中写到过多种洋货：洋漆、洋布、洋呢、金表、挂钟、西洋金自行船、玻璃灯、西洋珐琅、汪恰洋烟、西洋葡萄酒、波斯玩器、暹罗茶叶、治头痛的膏药“依

蒋玉函情赠茜香罗

弗哪”。凤姐曾炫耀说过“凡有外国人来都是我们家养活，粤、闽、滇、浙所有的洋船，都是我们家的”；冯紫英推销过“鲛绡帐”等四种洋货；薛宝琴则称“八岁跟父亲到西海买洋货”，还见过洋小姐会作汉文诗。贾府的日常生活中，洋货用得不少，单看衣着方面：凤姐穿的“大红洋绉”的皮裙，黛玉的“大红羽缎”褂子，李纨的“哆罗呢”对襟褂子，贾母送给宝琴的野鸭毛织的“凫靥裘”，宝玉的孔雀毛织就的“雀金呢”……这些都反映了中西贸易的互市情况。

《红楼梦》写社会生活，当然不能局限于贾府和大观园，所以曹雪芹让府外的人进来，也让府里的人出去。贾宝玉虽是少年公子，无职无份，但他是男人，可以偶然走出去结交朋友。贾宝玉和秦钟在贾家家塾上学，对学里的描写涉及同学之间的分派争斗和男风习气。宝玉也曾赴冯紫英之请，和薛蟠、蒋玉菡一起与妓女喝酒唱曲。柳湘莲原是世家子弟，素性爽侠，喜欢串戏，与宝玉、秦钟等友谊深厚，薛蟠曾误认他作“风月子弟”与之调情而遭其暴打。

属于荣府旁支的贾芸，住在西廊下，虽还是“爷”却穷得几乎沦为下贱，其亲舅卜世仁（谐音“不是人”）开着香料铺，对贾芸却十分冷漠，不肯给他赊账，卜妻甚至连一顿饭也不舍得管。倪二是贾芸的近邻，这个“醉金刚”虽是市井泼皮，却有义侠之名，是他借钱给贾芸帮他解了困，且借钱不图利银。

风俗民情（上）

《红楼梦》是现实生活的反映，民俗自在其中。《红楼梦》广泛且深入地为我们展现了18世纪前中期清代社会的民俗风情，其数量之多、范围之广，堪称中国小说之最。全书涉及的民俗事项约六百余项，几乎遍及所有回目，无论是居住、服饰、饮食、器物等物质民俗，还是宗教、巫术、祭祀礼仪、民间游艺、神话传说、梦兆、图谶、民谣、谜语等精神民俗，《红楼梦》都有所涉及。民俗专家邓云乡先生撰写过一本《红楼风俗谭》，此书“叙岁时，记年事，说礼仪，谈服饰，讲古董，言官制，道园林，论工艺，兼及顽童课读，学究讲章，‘太上感应’、‘八股’陈腔，道士弄鬼、红袖熏香，茄鲞鹿肉、荷包槟榔，至琐至细，无不包藏”，有四十多万字，邓先生还说因为小说的内容太过丰富，他只能按自己的体例就此“打住”，意思是说他四十多万字也未将《红楼梦》里的民俗风情写全，所以我们在这里谈民俗风情，只能算是略及皮毛而已。

衣

封建社会有法定的等级规范。官吏按官阶服色不同，老百姓是庶民服色，式样、用料、颜色、花纹，都有明显的区别。表现在礼仪上，官服和便服不能乱穿。官吏在公务和典礼时要穿官服。第十六回元春受封凤藻宫尚书，加封贤德妃，贾母率领邢、王二夫人在贾赦、贾珍等奉持下进宫谢恩，都是按品大妆、换了朝服。

另外，在喜庆场合不能穿素服，第四十三回里提到，宝玉“遍身纯素”偷偷跑到水月庵烧香祭奠金钏，回来后忙去怡红院“找了颜色吉服换上”，赶去给过生日的凤姐行礼吃酒。

食

在礼仪上则主要体现在钟鸣鼎食之家的规矩及用餐时的辈分等级上。

小说第三回写黛玉进贾府的第一餐，贾母是家长，居中，黛玉是客，坐上首，迎春、探春、惜春姐妹陪坐。李纨捧饭，熙凤安箸，王夫人进羹。“旁边丫鬟执着拂尘，漱盂，巾帕。李、凤二人立于案旁布让。外间伺候之媳妇丫鬟虽多，却连一声咳嗽不闻。”这就是大家的礼数与规矩。

主、仆则更得泾渭分明，上下有序。第十六回，贾琏和凤姐用餐，贾琏的奶妈赵嬷嬷来了，二人让她炕上吃酒，她执

王凤姐摆饭秋爽斋

意不肯，平儿现给她在炕沿设了一儿，嬷嬷在脚踏上坐了。第五十五回，凤姐一时高兴让平儿跟她一处吃饭，因为“横竖没人”，就是说没人看见，可以随便些。但平儿依然吃自己的份例，且“屈一膝于炕沿之上，半身犹立于炕下，陪着凤姐儿吃了饭，伏侍漱盥”。

家庭礼仪

做晚辈的每天早晚要到长辈房中请安，叫“晨昏定省”。经过长辈的住所，即便长辈不在也要拿出应有的礼数。宝玉出门，曾要求随从绕开父亲的书房走，因为他知道即便老爷不在，也不能失礼。第三十六回，宝玉挨打后，贾母以养伤为由，免去了他最不喜欢的与士夫禄蠹的接谈之礼仪。同时也免去他一应的家庭礼仪，使其得以在大观园里自由自在了大半年。第二十四回，宝玉去贾赦院探病，并顺致贾母的看望，他见了贾赦“先述了贾母问的话，然后自己请了安。贾赦先站起来回了贾母问的话，便唤人来带进哥儿去太太屋里坐着。宝玉退出来，至后面，到上房。邢夫人见了，先站了起来请过贾母的安，宝玉方请安。”这里写的请安、行礼的秩序，一丝不乱，因为关涉三辈人，所以礼节就复杂些。

日常家居、起动坐卧都讲究礼数。比如主子屋里只能有身份的大丫头才能进。第二十四回，怡红院的丫头小红，因为进内屋给宝二爷倒了一次茶，被秋纹、碧痕撞见，狠狠羞辱了一通。第五十八回，小丫头数落婆子，说她们到的地方有一半儿婆子们是不可以到的，主人的内室就更别想了。

享福人清虚观打醮

送礼的规矩

民俗专家认为，《红楼梦》是一部有关“送礼”的教科书。略略总结，书中写到的送礼类型就有八种之多：

1. 初次见面的馈赠，所谓“见面礼”。第七回凤姐在宁府初见秦钟，“平儿素知凤姐和秦氏厚密，遂自作主意，拿了一匹尺头，两个‘状元及第’的小金锞子，交付来人送过去。凤姐还说：‘太简薄些。’”凤姐的话自然是谦辞，这说明礼物轻重按关系远近是有厚薄之分的。第十五回宝玉路遇北静王，北静王送他一串“鹡鸰香念珠”，特别强调是“圣上亲赐”，说明了他对宝玉的看重。

2. 表达友谊和感情的馈赠。第二十八回，宝玉在冯紫英家初会伶人蒋玉菡，两人互生好感，宝玉以玉玦扇坠相赠，蒋玉菡当即解下北静王所赐茜香国女国王所贡的大红汗巾子回赠，宝玉又回以袭人所给的松花汗巾子。此外，故事里讲到芳官、柳五儿因为私下里互赠玫瑰露和茯苓霜，被误会偷盗，还曾引起过麻烦。

3. 红、白喜事的送礼。结婚、过寿等叫红喜事，死人是丧事，白事也当喜事办，叫白喜事。加上盖屋上梁、乔迁新居，做佛事、打醮，都需送礼。第二十九回，贾母带了家下女眷在清虚观打平安醮，冯紫英听见了连忙预备猪羊、香烛、茶食送来，后边接二连三，凡一应远亲近友、世家相与（旧时指相好的人），听说了都来送礼。

4. 生日礼物。宝玉过生日写得最为详尽，贾府上下有礼不算，外边不仅亲戚送礼来，连方外之人诸如道观里的道士、庙里的和尚、姑子都送来寿礼。

5. 节礼。中国人讲究过节。三大节分别是春节、端午、中秋，小节有元宵、清明、中元、冬至、腊八，这些时候都要送礼。亲友之间、上下级之间，礼尚往来，宫廷里也要向王公贵族“赏”节礼。第五十三回贾蓉除夕前，从光禄寺库上领下来一个黄布口袋，上有印着“皇恩永锡”四个大字，那一边又有礼部祠祭司的印记，又写着一行小字，道是“宁国公贾演荣国公贾源恩赐永远春祭赏共二分，净折银若干两”。贾府看重的是“皇恩浩大”，有些穷官则是要靠这种赏“上供过年”的。

6. 送土特产。黛玉回南葬父返京，曾带了扬州特产赠送姐妹们。第六十七回写得更细，薛蟠从江南做生意带回两箱子的土产：笔、墨、纸、砚，各色笺纸、香袋、香珠、扇子、扇坠、花粉、胭脂等物，外有虎丘带来的自行人，酒令儿，水银灌的打筋斗小小子，沙子灯，一出一出的泥人儿的戏，薛姨妈宝钗一分一分地打点清楚，送给贾母并王夫人及园里的姐妹们，引得黛玉见土仪思故里，发了番怀乡之情。

7. 亲友之间的来往。第五十六回，江南甄家送来厚礼，暂代凤姐打理家政的李纨和探春，遵从贾母之命将礼物收了，还准备了上等封儿和尺头（指红包和布帛），预备着打赏上门请安的甄家下人。刘姥姥将乡下的瓜果干菜扛来贾府，也得到丰厚的回礼及资助。

8. 求办事送礼。第二十四回，贾芸借了十五两银子买了冰片、麝香，跟凤姐套近乎，还编了一套谎话意欲谋些营生。凤姐明知其意，落得便宜，便把大观园种树的差事给了他。贾芸拿了二百两银子，先还了倪二的账，只用五十两找花匠，还利用职务之便送宝玉两盆白海棠巴结示好。两盆珍贵的白海棠赠宝玉，寓有“玉堂富贵”之意，刚成立的大观园诗社就以海棠为题作诗，社名“海棠诗社”。

带有清代社会风俗民情的一二细节

《红楼梦》虽苦心避世，却因其是现实主义的写法，无法做到彻底掩盖所处时代的痕迹。小说在写官职时有意识地半有半无，半古半今，“事之所无，理之必有”，而生活中的小物件，因为是真写，便露出“朝代纪年”来了。

1. 荷包。据记载，清朝宫廷，年终会赏赐王公大臣礼物，“御前王大臣皆赐‘岁岁平安’荷包一，灯盏数对及福桔、广柑、辽东鹿尾、猪、鱼诸珍物无算。外廷大臣择其圣眷优隆者亦赐荷包，皆佩于貂裘衿领间，泥首宫门前以示宠眷。”还有一些相似的记载，都显示出荷包的重要性。大臣进贡也有荷包。第五十三回写到“北府王爷送了对联、荷包来了”，这便带有清代的气息。荷包是小玩意儿，节礼中多有荷包金银锞子，主子也会拿它赏下人。荷包之所以在生活中那么常见，是因为它是满人的重要标志之一，荷包的使用是有传统的，满人入关前就已经在八旗兵中流行了。

荷包最早的用途是行军时用来“储食物”的，到了《红楼梦》的时代荷包的用途就更多了，或拿它放金银锞子和钱币；或放香料；或装槟榔、豆蔻、砂仁等咀嚼食品，年下给小孩子的压岁钱多装在荷包里，像宝玉偷跑去水月庵祭奠金钏儿，就是从随身荷包里取的香料充当敬的香的。

荷包因用途不同，大小式样用料都有区别。第十七回，宝玉随着贾政一行人大观园题对额得了好，小厮们求赏，一个个抢上去把宝玉随身的荷包扇带之类的尽行解了去。这足以说明宝玉平日里身上挂的荷包得有好几个。黛玉误以为她做的也让宝玉给了人，还使性子把正在做的一个荷包剪了。实际上，男女表情达意时，常用荷包为表赠。黛玉又是目无下尘之人，她决不允许宝玉慢待她亲手缝制的荷包，决不允许她做的荷包流到小厮的手里。

2. 大脚。《红楼梦》为了模糊朝代，故意不写女性的脚和鞋。因为明清时代的汉族妇女是缠足的，而满人不缠足。如果写了女人是大脚，就会暴露他写的是清朝事。但即便曹雪芹有意回避，在他“故弄玄虚”的笔下，读者还是能读出来些线索：贾府女人包括娶来的媳妇和亲戚家的女眷都是天足。满人提倡天足，元春能选入宫为妃，自然是不缠足的。黛玉能穿鹿皮小靴独立踏雪，自是不缠足的。王熙凤在宁府天香楼看戏，“款步提衣上了楼来”，这是穿旗袍的贵妇人上楼的样子，旗装之下绝不可能是三寸金莲。《红楼梦》中并不都是天足，外来的女人就有缠了足的，比如宁府尤氏的继母带过来的两个女儿尤二姐和尤三姐，就是小脚。第六十九回，凤姐趁贾琏出远门把二姐赚入大观园，带给贾母相看，鸳鸯揭起二姐的裙子，当然为的是验脚，看看是否裹得小而周正，这是当时买妾的惯例。第七十八回，宝玉为晴雯写《芙蓉女儿诔》，有"捉迷屏后，莲瓣无声"句，显见得晴雯是缠足的。清政府虽然禁止缠足，但下边执行得并不彻底，汉族的传统习俗不那么容易尽改，所以汉族民间依然盛行缠足。小说中有大脚有小脚，而且大脚更普遍，表明《红楼梦》的时代是在清朝。

风俗民情（下）

按传统农历算，每个月份都有我们关于民俗的记忆：正月元宵灯、烟火；二月打秋千、斗草；三月清明扫墓、放风筝；四月赏芍药、饯花会；五月端午吃粽、染指甲；六月赏荷、喝梅汤；七月乞巧、掏促织；八月中秋赏月；九月重阳赏菊；十月打围；十一月拉冰床；十二月除夕守岁。细数起来当然还不止这些，《红楼梦》中或隐或显，或详或略，基本上都有描述。

元宵节

以元宵节为例。元宵节在正月十五，算上前后两日共三天，在有夜行管制的古代，这三天却是不禁行的，人们尽兴狂欢。《红楼梦》在第五十三回和五十四回写了宁荣二府过年的全过程。写过年用了半回书，而用一回半的内容写元宵节。曹雪芹不同于其他文学家喜欢写街上的热闹繁华，他只写荣府自家的元宵夜宴摆酒唱戏、欢声笑语。

元宵也叫“灯节”，灯是节日的中心，我们可以借助贾母夜宴时花厅上的灯，来想象贾府整个府中是如何张灯结彩的：

两边大梁上，挂着一对联三聚五玻璃芙蓉彩穗灯。每一席前竖一柄漆干倒垂荷叶，叶上有烛信插着彩烛。这荷叶乃是錾珐琅的，活信可以扭转，如今皆将荷叶扭转向外，将灯影逼住全向外照，看戏分外真切。窗格门户一齐摘下，全挂彩穗各种宫灯。廊檐内外及两边游廊罩棚，将各色羊角、玻璃、戳纱、料丝，或绣，或画，或堆，或抠，或绢，或纸诸灯挂满。

元宵的节日内容很丰富，除盛大的饮宴、灯会、烟火外，还有一种俗称“打灯虎”的节目，即设灯谜，猜中有奖。《红楼梦》

荣国府元宵开夜宴

第五十回写年前事，大观园中的女儿们在芦雪广联诗，贾母赶来趁热闹，并建议“做些灯谜儿，大家正月里好玩”，于是就有了随后的“暖香坞雅制春灯谜”。

《红楼梦》写节俗，着墨最多的就是元宵节。《红楼梦》有六回故事写元宵节，开篇楔子里就写元宵节，甄士隐抱着女儿英莲在门前“看那过会的热闹”，英莲又在看灯时被拐子拐走。还有第十八回元妃省亲。贾府迎驾场面宏大，其铺张靡费连贵妃都感觉过了。对这个元宵的描写延续了几回书，到第二十二回，“娘娘差人送出一个灯谜儿，命你们大家去猜”，于是用半回书写了“制灯谜贾政悲谶语”，至此还是元宵余韵。这是全书第一个大场面描写，这个元宵佳节，是贾府的一场虚热闹。

此外《红楼梦》中还有连节日名称都不出现，却开掘了节日的民俗内涵，用于构造小说，成为结构中的小小亮点的其他风俗描写。如穿天节和上巳节，小说中既没有出现民俗节日的名称，也没有关于该节日民俗氛围的烘托。

穿天节

“穿天节”在宋朝之前被叫作“天穿节”，在正月二十三，说是女娲在这一日补天，民间用煎饼放置在屋顶上，名曰补天穿。但这个节俗在宋以后逐渐淡了，到清代，“天穿节”在江南演变成了“穿天节”。《红楼梦》中南北习俗都有涉及。

我们看小说，知道薛宝钗的生日是正月二十一，在“穿天节”跟前。曹雪芹为什么把穿天节与宝钗的生日联系起来呢?可以看到，“穿天节”承载的文化信息与宝钗的形象是暗自切合的。女娲与顽石的关系，与宝钗与宝玉的关系存在着相似性：宝钗时不时地会规劝宝玉走仕途经济的道路，希望他能成为封建社会的济世之才。宝钗是宝玉的“宝姐姐”，后来是他的妻子，但对宝玉而言，她也是老师，是锻炼他的“女娲”。

上巳节

再看上巳节，这是古老中国的一个节日，在农历三月初三日，人们纷纷到江渚池沼间，临清流，做“曲水流觞”为戏。这个游戏的规矩是：投杯于水的上游，任其流下，止于某处，某人取杯饮下杯中酒，并赋诗一首。这样的“上巳节”盛行文人的交谊活动，历史上传为佳话的兰亭集会就是这样一次大活动。清代知名文人袁枚也在《随园诗话》中记载过三月三与诸文友的会诗活动，说明“上巳节”在清代依然保持着饮宴赋诗的内容。曹雪芹把三月初三作为贾探春的生日，让她倡议在大观园中建立诗社，这样隐隐有文化传承的对应启示作用。因为时间上上巳节与寒食节、清明节挨得很近，内容也有交集，慢慢地上巳节和寒食节都没有清明节那么重要，所以一般老百姓在节俗上就只知道或只重视清明节了。

《红楼梦》续书的作者似乎很懂得曹雪芹的神妙笔法，在续作中清明节这一日让探春登舟远嫁。清明节本因祭祖扫墓可以家人团聚，探春却落得个“把骨肉家园齐来抛闪”。

七夕节

将节日的文化内涵和民俗传统意象运用得非常清晰的，在

《红楼梦》中当属巧姐生在七夕节这一情节设计了。巧姐的母亲王熙凤认为女儿多病是因为“生的日子不好”。在汉语文化中，“七”是被忌讳的数字，送礼都不能送七件，饭桌上不上七盘菜，良辰吉日则避开七、十七和二十七。七月初七是双七，更不吉利。“七夕”也是牛郎织女鹊桥相会日，他们一年才相见这一日，而且要靠喜鹊搭桥。喜鹊本是报喜鸟，它们都忙着上天搭鹊桥去了，人间自然就缺乏喜庆，七夕的悲剧意味就显得很浓。

此外，古时七夕的节俗内容以“乞巧”为盛。传统的乞巧方式是对月穿针、水上漂针、种巧芽、镂花瓜、做巧果、结彩楼，等等，以种种手工活动显示女性的聪慧与智巧。女孩子们所穿之针，从一个孔、二个孔到七个孔的都有，比谁穿得快且准。乞巧日还流行“喜蛛应巧”，七夕时把瓜果摆在露天地，看第二天上面可有蜘蛛吐的网丝，丝与思同音，可凭有无结丝以及网丝的形状来占卜吉祥。“穿针乞巧”也好，“喜蛛应巧”也罢，期盼的都是吉兴，以求嫁个好人家，祈求婚姻的幸福美满。巧姐身为贵胄之家的大小姐，“以毒攻毒”取名巧姐，意味着她的婚姻出路需靠种种的女红来维持生计，并且会在一个“巧”字上求得美满结局，而巧姐的判词正是“巧得遇恩人”。

曹雪芹把节俗的文化心理和审美意象作为内置的规律，这样的运用，浸入人物塑造和情节安排之中，使这个民俗背后的深层次内涵更得到凸显。

巧姐

文艺形式

《红楼梦》是通俗小说，其主体文字是白话，但又吸纳了文言文及诗词曲赋等多种文体表现之所长，综合体现了我国的优秀文学传统，其文备众体的特色尤其突出，神话传说、诗文词曲、歌赋谣谚、偈联赞诔、书启、拟古文等体裁文类应有尽有，恰是一个包罗众体的文艺组合。曹雪芹将各种文学体裁移入塑造艺术形象的新领域中来，其中的诗词可汇为诗词集，文言短章可汇为散文集，有些可汇入谜语集、故事集、笑话集。一部小说里，叙事、描写、议论、抒情、说明等各种写作手法都得到很好的展现，可谓大才子之书。

诗词文赋

以诗而论，书中有五绝、七绝、五律、七律、歌行、骚体，

芦雪庵争联即景诗

有咏古的、咏物的、抒情的、纪事的、写景的、谜语式的；有限题的、限韵的、限诗体的、同题分咏的、分题合咏的；有应制体、联句体、拟古题，有拟初唐《春江花月夜》之格的，有仿中晚唐《长恨歌》《击瓯歌》之体的，有师楚人《离骚》《招魂》等作品而大胆创新的……可以毫不夸张地说，《红楼梦》的诗歌堪称小说史上诗作之绝唱，为世代读者所喜爱，人们不仅抄录或印刷《大观园诗集》，还有不少书法爱好者只以红楼诗为题材创作书法作品。

《红楼梦》中的诗和词都可分为两种，一种是曹雪芹为了写人、叙事、议论而撰写的，关合着小说情节进展和主题表达，比如前五回书中的十二钗册子判词和《红楼梦》曲一类的诗词，以及作者为本书自题的"满纸荒唐言，一把辛酸泪！都云作者痴，谁解其中味？"等等；另一种是曹雪芹代小说人物拟写的诗词之作。这些都是因情节的需要，根据所要塑造人物的思想性格、文化修养模拟出来的。为虚构的人物拟作，其实是难度极高的创作，既要符合人物性格的塑造，又要体现人物恰当的写作水平，还要与环境、气氛融洽，高了不成，低了亦不可就。即如蔡义江先生所言："曹雪芹以自己之诗才运作，使红楼中一班才女及宝玉等，一人一副诗心，一时一种诗情，一处一番诗境，一回一类诗作。尽展其能，各擅其妙，而又绝无雷同，其文学功力之高超，实在令人惊叹。"

黛玉的《葬花词》《桃花行》《秋窗风雨夕》，诗情画意跃然纸上；宝玉的《姽婳词》立场鲜明摇情荡性。大观园中，芦雪广即景联句，众人兴高抢先，而凹晶馆即景联句，黛玉湘云凄清悲吟。可以说，《红楼梦》中的诗词都是小说的有机组

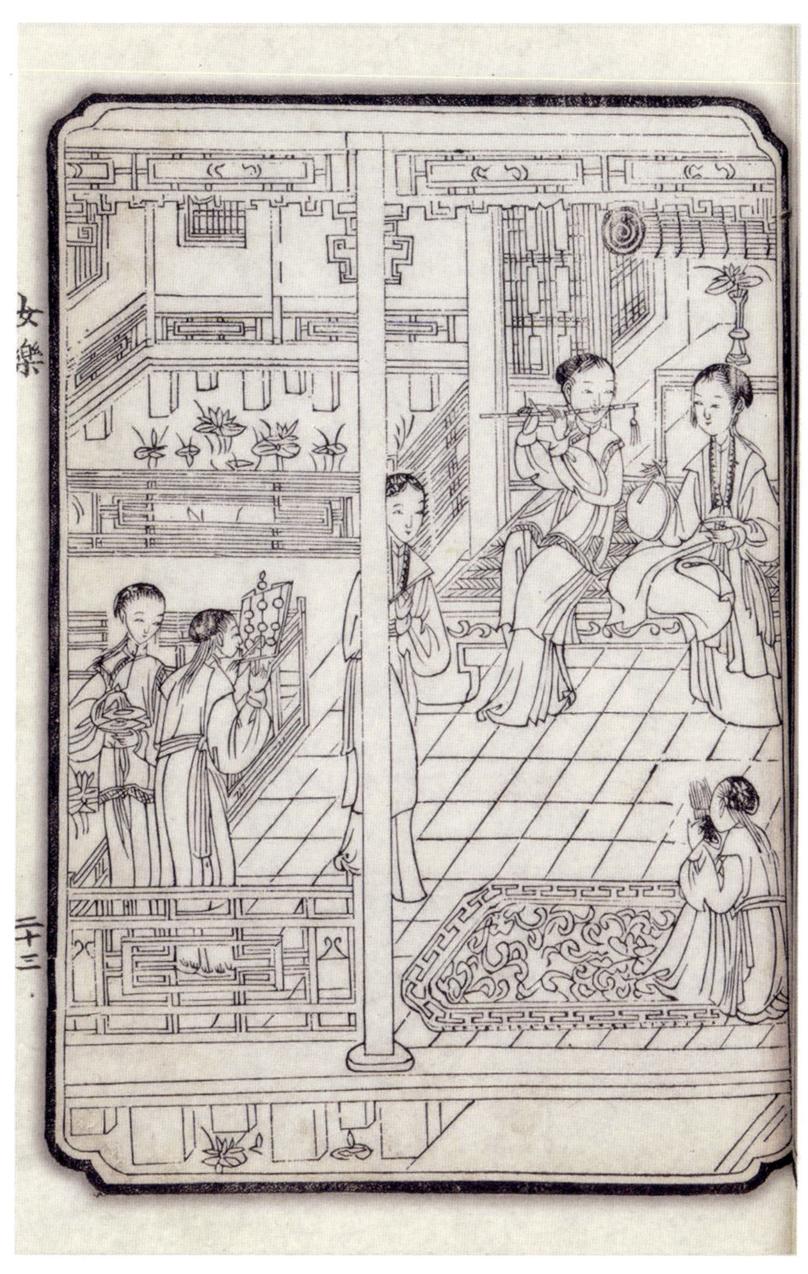

新镌全部绣像红楼梦・程甲本・版画 24 幅・前三回・清乾隆五十六年苏州萃文书屋木活字本

成部分，代人物所拟的诗词，风格平实，大体合乎温柔敦厚的诗教传统，很符合大观园中小儿女的性格特点与写作水平。

《红楼梦》是“运诗词意入白话”的典范，具有叙事性的独立成篇文字，如宝黛相见，各从对方眼中写出人物形貌，警幻出场，描绘其仙子神采，文字都是赋体。探春约宝玉商讨起诗社的书帖，文体是简启。《芙蓉女儿诔》是诔文。贾宝玉诔晴雯，既述生平，寓伤悼之情，又有“芙蓉女儿”之私谥，是完备的诔辞。前半部分用骈文体式，后半部分用《楚辞》章法，情文并茂。

与韵文相对的是散文，《红楼梦》中的散文，叙事清晰流畅，描写层次分明，议论简洁深刻，抒情沁人心脾，仅就散文艺术而言，堪比散文大家。这些足见曹雪芹的文体学修养与文字驾驭能力。

建筑绘画

大观园是曹雪芹为我们精心建筑的纸上园林，因为其间活

寄闲情淑女解琴书

跃着有血有肉的大观园住客，我们在园里感觉到了灵性与慧心的同时，也如临其境地游走并驻足在园中的亭台楼阁之间。大观园由掇山理水、莳花栽木、题名点景带给我们的诗情画意，彰显着古典园林与建筑之美。

历代都有读者试图把曹雪芹笔下的笔墨园林绘制出来。有趣的是，小说中的人物也如我们读者一样，对“天上人间诸景备”的大观园钟爱到要用图画绘制出来。贾母要惜春把人物也画在上面，博学的薛宝钗给惜春出主意时，大谈了一番画论。曹雪芹在第五十回芦雪广赏雪观梅一节，特别描绘了一幅画面——宝琴披着凫靥裘站在粉妆银砌的山坡上，身后一丫头抱一瓶红梅，并特意让贾母评说此人品、衣裳、梅花都超过了仇十洲的画。这是在提醒读者注意他的这种“文笔图画”的用意，“黛玉葬花”“宝钗扑蝶”“湘云醉卧”“宝琴立雪”等按照书中贾母的审美标准，可视为一幅幅美女行乐图。无论是画论还是作画般的描写，都可见曹雪芹绘画的造诣之深，他懂画、善画，还能把绘画之艺术境界施诸字里行间。

音乐戏曲

《红楼梦》对歌曲谣谚等通俗文艺形式的运用也很充分。如《好了歌》《好了歌解》，尤其是太虚幻境中的几支曲子，是《红楼梦》悲剧精神的艺术灵魂。

《红楼梦》中的音乐活动随处可见，犹如吃饭穿衣一般家常，戏曲表演、歌舞表演、器乐独奏、器乐合奏多种形式都写到过。提到的乐器有琴、箫、笙、管、笛、鼓、律管等三十来种之多。贾宝玉、林黛玉、妙玉、贾母、蒋玉菡、柳湘莲、佩凤、文花、

宝琴立雪　　何其亮　绘

贾存周报升郎中任

芳官、龄官、云儿、女先儿等许多人物，或欣赏或表演，都和音乐戏曲有所关联。第七十六回“凸碧堂品笛感凄清”，写贾母带着家下人等月下赏桂，就曾发了一大段关于音乐的议论，诸如“如此好月，不可不闻笛”“音乐多了，反失雅致，只用吹笛的远远地吹起来就够了”“越慢地吹来越好”，这些话语够得上“鉴赏家”水准的音乐批评。曹雪芹写贾母要隔着水听，又写她听着听着“禁不住堕下泪来”，这已写到了审美体验层面。

《红楼梦》里关于戏曲的描写有不少，小说写了不少戏曲活动，涉及排戏、演戏、串戏，还用人物点戏的曲目等“戏中戏”的设计来暗喻人物结局及家族命运。关于戏曲鉴赏，曹雪芹也有独到的见解。第二十三回“西厢记妙词通戏语　牡丹亭艳曲警芳心”，作者大花笔墨，细致地描写了宝黛共读《西厢记》的美感体验过程，接着又写林黛玉经过梨香院墙角，听到家养戏班的女伶在排演《牡丹亭》，墙内笛韵悠扬，歌声婉转，墙外黛玉心动神摇。曹雪芹在这样两个场景中，将戏曲欣赏从快感层次、美感层次递进写来，为之后黛玉作《葬花词》提升到悟感层次做了极充分的铺垫。这样说起来是写作构思的巧，暗地里是有作者深厚的音乐修养做前提保障的。这样写，就像给读者上了一堂戏曲鉴赏课。

《红楼梦》对茶、酒、点、肴也进行了艺术层面的描写，这些日常琐物也被用来托物寄情，并赋予它们以性灵与情感，其雅化的运用和鉴赏也已经远远超过了它们的实用价值，均上升到了文化艺术的境界。

彭连熙　绘

七 看一看传播影响

《红楼梦》作为中国文化的一个代表符号，其戏剧、影视、民间艺术等形式的改编及衍生产品，很受国外华人及喜爱中华文化的外国朋友的欢迎。相关的文创产品在亚洲国家还有着一定的商业价值。比如，越南网络媒体上有不少《红楼梦》视频，《红楼梦》电视剧 DVD 等音像制品也有销售，还可下载电视剧，网络上有 1987 年版《红楼梦》林黛玉扮演者陈晓旭和李少红版《红楼梦》海选情况的报道，越南还出现有改编自《红楼梦》的十二集的漫画本。

1961 年秋天，上海越剧团就带着越剧《红楼梦》访问了朝鲜。朝鲜曾以民俗戏剧“唱剧”的形式改编并演出过《红楼梦》。为迎接中朝建交 60 周年，朝鲜排演了歌舞剧《红楼梦》，2009 年 9 月在平壤大剧场正式公演，并拍摄成了歌剧电影。剧团 2010 年受邀来华，在呼和浩特、长沙、武汉、福州、深圳、重庆六个城市进行了为期一个多月的巡回演出。此版《红楼梦》是由国家级血海歌剧团 198 名成员参加演出，几位主演都是“80后”青年演员，饰演贾宝玉的金日煌恰是 50 年前第一版《红楼梦》

1958 年，上海越剧院《红楼梦》首演剧照

中贾宝玉的扮演者金正华的孙子。据说此次的主要演员也是在全国海选出来的，他们都读过小说《红楼梦》，也都看过朝鲜电视台播放的中国电视剧《红楼梦》，因为 1987 年版《红楼梦》在朝鲜播出过多次。

早在半个多世纪之前，1962 年，王文娟、徐玉兰版越剧《红楼梦》就曾火遍整个东南亚，论及影响最大，当属 1987 年中央电视台拍摄的电视剧《红楼梦》。该剧在韩国播映后，一度引起《红楼梦》热，带动了图书的热销。当时电视剧《红楼梦》不仅在东南亚风靡，欧洲也有引进翻译。西德电视一台、二台都购买了该片播映权，并译成德文与观众见面，这是欧洲第一个购买和放映中国电视剧的国家。如今，在美国、英国、加拿大、澳大利亚等国的 100 多家图书馆里，仍能看到 1987 年版《红楼梦》

电视剧的 DVD，可供读者借阅。

2013 年中秋时节，美国亚利桑那州图桑市举行了北美第一场《红楼梦交响组曲》音乐会。此次音乐会由美国亚利桑那大学孔子学院和美国图桑华声合唱团发起，邀请美国亚利桑那合唱团、图桑亚利桑那男童合唱团、陕西师大民乐团及亚利桑那交响乐团共同举办。作曲家王立平在此前听排练时曾经称赞："我想不到美国的孩子们能将红楼唱得这样好！这样的演出完全可以到中国巡演！"

德国富克旺根舞蹈工作室还改编创作了《红楼梦》现代舞，2015年5月首场演出在富克旺根艺术大学获得成功，当年11月在黑森州进行了公演，并开启全球巡演的第一站。此舞剧的编剧是《红楼梦》德文版翻译马丁・沃斯勒教授（中文名吴谟汀），编舞是来自中国台湾、毕业于富克旺根艺术大学的沈芳

1987 年版电视剧《红楼梦》剧照

瑜女士。现代舞剧用布景、舞者的形体动作和音乐变化讲述了《红楼梦》中16位主要人物的故事。

说到《红楼梦》对海外的影响，自然不能不提及它对输入国小说创作的影响。日本作家曲亭马琴所著长篇小说《南总里见八犬传》中，有不少情节描写受《红楼梦》的影响。在朝鲜李朝中后期，被朝鲜学界称为“家门小说”“门阀小说”的，诸如李人植著《堆岳山》、李光洙著《无情》、崔独鹃著《僧房悲曲》等，不论故事情节还是写作技巧，都或多或少地对《红楼梦》有所借鉴和模仿。

日本学界最早提到《红楼梦》的，当数文人画家田能村竹田（1777—1835），他在随笔《屠赤琐琐录》卷三中，曾讲过《红楼梦》的建筑描写。在蒙古文译本《红楼梦》的译者“序言”中，杭布以释道两家思想来解读《红楼梦》。俄罗斯汉学家最早对

2016年9月，《石头记》歌剧在旧金山首演剧照

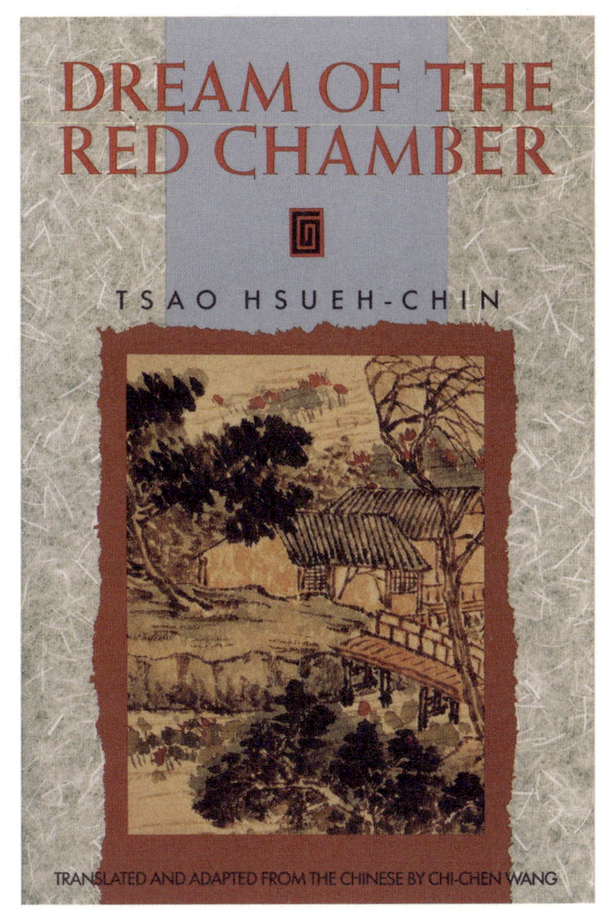

王际真译本，1958

《红楼梦》进行介绍和评论的是圣彼得堡大学教授瓦西里耶夫（1818—1900）。在他 1880 年出版的《中国文学史纲要》一书中，把《红楼梦》摆在世态人情小说的首位，称其贵在生活描写的真实。英国著名汉学家、剑桥大学中文教授翟理斯（1845—1935），则在其《中国文学史》中用 28 页的篇幅对《红楼梦》的作者、主题、语言等进行了介绍。

2015 年 10 月，法国 FEI 出版社出版了法语版《红楼梦》连

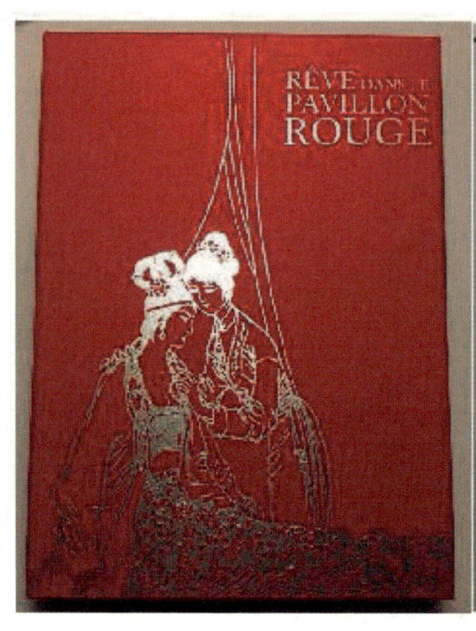

法语版《红楼梦》连环画

环画。这套出版物以套盒的形式呈现，包括 16 本小分册连环画、一张人物谱系表和一本相关手册，总共 2284 页，封装在一个既代表了国家色彩形象、又诠释了作品标题的精美红色盒子里。

这套法语连环画，选取 1982 年上海人民美术出版社出版的《红楼梦》连环画做底本，保留原连环画的图片和分册结构，只将图画配文进行了改编翻译。各册标题依次为：乱判葫芦案、宝黛初会、熙凤弄权、黛玉葬花、宝玉受笞、二进荣国府、鸳鸯抗婚、宝玉瞒赃、红楼二尤、抄检大观园、潇湘惊梦、金桂之死、黛玉焚稿、查抄贾府、巧姐避祸和宝玉出走。

FEI 出版社和它的书店都坐落在巴黎最负盛名的文化圈拉丁区，那里是全欧洲文化精英的荟萃地，更是法国人文思想的起源地。该书店门口古老的墙壁上印着：FEI 出版社——连环画和中国艺术的领军者。

总之，经典《红楼梦》已经成为中国文化的一张很有辨识度的名片了。

结语：今天我们怎样读《红楼梦》

中国的古代长篇小说，没有哪一部可以像《红楼梦》这样对19世纪和20世纪的中国产生如此巨大的影响。它身后的声名远比当时还来得煊赫辉煌。由小说创作衍生出来的口头文学、戏曲、小说续书、仿作、绘画，一再大放异彩，现在据以改编的音乐剧、舞剧也大受欢迎。电影、电视、网络剧，多场所多渠道吸引着各色各样的观众，更是不受时间和空间的限制。直到如今，在互联网上关于《红楼梦》及其改编的评点、题跋及相关的轶事、传说依然在不断衍生，“红楼热”一直温度在线，隔几年就有一个大热闹。这些在规模和流行程度上都远远超出了小说本身的“现象”，呈现在不同的形式和媒体中，边界不定，变动不居，却历久不衰。

这样的“红楼热”，利弊如何，不好评说，但《红楼梦》值得我们青少年读者在繁重的学业之下，拿出宝贵的课余时间来阅读，当是不容置疑的。

曹雪芹在《红楼梦》中完成的对中国传统文化的反思，对封建社会的认识和批判，对中国人的文体表达和感情表达的认同与继承，以及世界观、人生观、爱情观、家庭观乃至为人处世的反思，都是我们要终身体悟的。

戏如人生，人生如戏，《红楼梦》是一部家族史，也是一本生动的人生教科书。《红楼梦》中人的性格、命运、见识、为人，或让人同情，或使人惋惜，或诱人向往，或让人信服，或令人不齿……从他们的人生追求、生活态度及“做人”“做事”中，我们看到了长辈的过去、我们的现在及子孙的未来。读书就是穿越进去和回到现实的过程，读了小说，看了他们的人生大戏，再反观自身，思考我们要如何行事为人，如何与身边的各色人等相处，如何自处，如何立身于社会？可以说，《红楼梦》中的芸芸众生到如今还都活在我们的身边，我们自己也活在他们之中。今天的我们如何面对“富裕的贫困”和“成功的失败”等一系列现代社会问题，或许都能从《红楼梦》巨大的人文价值中找到答案，帮助我们丰富和增强自己作为完整人的素质与技能。

我们称它为“永远的红楼梦”，还在于它实践着的对优秀传统文化的传承，这传承不仅是知识层面的继承，更有精神、理想的传递。后世不少作家正是因为喜爱和学习《红楼梦》而创作了新的无愧于时代的优秀文学作品，《红楼梦》实现了对新经典的催生。作为读者，我们用心地阅读《红楼梦》，跟家人朋友聊及我们的读后感想，讨论贾宝玉的“女儿观”，探讨儒家“修身、齐家、治国、平天下”的人生理想，或聊聊你对《红楼梦》所写悲欢离合的感悟，或跟人说说《红楼梦》中最像“我”的那个人……这些都是阅读《红楼梦》的收获。

那么我们今天怎样来阅读《红楼梦》呢？真诚地希望我的

这本小书能切切实实地帮到你。

其实不只是青少年，所有《红楼梦》的读者，在阅读之初也许都会问这样三个问题：读《红楼梦》有什么用？读什么？怎么读？我们前面所讨论的《红楼梦》作为中国古代小说经典、文学经典以及百科全书式的文化经典的方方面面，已部分地解决了读《红楼梦》有什么用的问题。无论在研究性阅读、赏析性阅读、娱乐消遣性阅读层面，还是在与我们的课业联系更为密切的学生课标性阅读的层面，《红楼梦》都能够满足我们的阅读诉求。

更重要的是，我们要把自己打造成一个具有人文情怀的大写的“人”，成为具有深邃文化意识和高度文化修养的人，阅读《红楼梦》这样的经典作品确实是个不错的路径。文化品位说起来是个虚而不实的东西，但缺少它就会让人觉得俗气，知识储备看上去是一种无关的因素，但没有它就会让人看着浅薄。

即便我们只为了学好汉语，《红楼梦》也是最好的教科书之一，因为《红楼梦》的语言艺术成就，代表了我国古典白话小说语言艺术的高峰，人物的三言两语就能体现出他（她）鲜明的个性特征，小说的叙述语言具有高度的表现力，为人物代拟的诗词非常切合小说人物的身份声口。

《红楼梦》在写作方面也具有突出的指导与借鉴意义。在学生时代，很多人都有文学写作的憧憬与梦想，《红楼梦》正可以为我们提供最好的参考与帮助。自清朝中叶迄今，已有相当多的作家从《红楼梦》中接受启迪，汲取营养，成就了自己的文学梦想。清末韩邦庆的《海上花列传》堪称晚清小说翘楚，它的结构之法和描写手法在很大程度上就是师承《红

稻香村课子

楼梦》的。鲁迅先生不仅研究了《红楼梦》在中国古代小说史上的地位与价值，小说写作技法上也多有借鉴。张爱玲学生时代的第一篇小说习作是模仿《红楼梦》的，她晚年旅居美国期间，还专门花了十年时间研究《红楼梦》的版本问题，写出了著名的红学著作《红楼梦魇》。其他如茅盾、林语堂、吴组缃、端木蕻良、杨绛、王蒙、李国文、格非等现当代作家都对《红楼梦》情有独钟，在小说创作甚至是红学研究方面贡献良多。近些年来，《红楼梦》的影响研究渐成热门话题，张爱玲与《红楼梦》、现当代作家与《红楼梦》等专题都有博士论文问世。这些都说明，阅读《红楼梦》对于我们的写作尤其是文学写作具有何等重要的意义。

下面我们重点要谈的是读什么和如何读的问题。

如前所述，《红楼梦》的版本问题无疑是中国古代小说中最为复杂的，从早期的手抄本，到程甲本、程乙本问世后的各种印本，再到今人的各种整理本、改写本、简化本、跨超本，种类繁多，体制各异，并非所有的版本都适合青少年阅读，而读本选择的优劣，对初读《红楼梦》的青少年的影响往往又是极大的。我们应当选择版本可靠、校勘精审、注释确当，同时又经过了较长时间读者检验的版本作为读本，这样入门相对较易，对《红楼梦》的原始面貌也会有一个比较切实的认识。如果一味求简，或者一开始就选择过于专业、繁难的版本，效果往往是不好的。中国艺术研究院红楼梦研究所校注的《红楼梦》已经过数次修订，初版时即广受好评，多年来在社会上销行最广，已成为无可争议的权威版本，在此我们也向青少年朋友们隆重推荐。

《红楼梦》的写作年代已较久远，内容上也不像《西游记》那般贴近青少年的心理，加之二百多年来形成的极为专门的红学，要更快更有效地进入曹雪芹的红楼世界，有选择地阅读一两本导读类的著作也是相当必要的。已故著名红学家邓云乡先生的《红楼梦导读》简明扼要，浅白易懂，又不失行家里手的学术品格，举凡《红楼梦》的写作背景、作者家世、典章制度、风俗人情、服装饮食、节庆游艺、思想意蕴、艺术特点、人物性格、语言风格等都有详细的介绍，对《红楼梦》中有代表性的章节也有示范性的文本解读，相信是青少年朋友们阅读《红楼梦》的合适帮手。

《红楼梦》的经典性，决定了我们不可能像时下的流行文学、网络文学那样以轻松、娱乐的心态待之，读图时代、漫画时代的轻阅读、软阅读，在巍峨璀璨的红楼世界面前，无疑是要碰钉子的。端正心态，多一些耐心，少一些浮躁，是阅读《红楼梦》这样的经典作品的必要前提。而一旦我们进入了这个世界，你的收获往往会超过你的预想。经典的活力就在于它的常读常新，每读一节、每读一遍都会有不一样的感受。《红楼梦》是一部可以陪伴我们一辈子的杰作，让我们从青少年时代起就与它相亲相随、灵犀贯通。

大哉《红楼梦》，再读一千年！